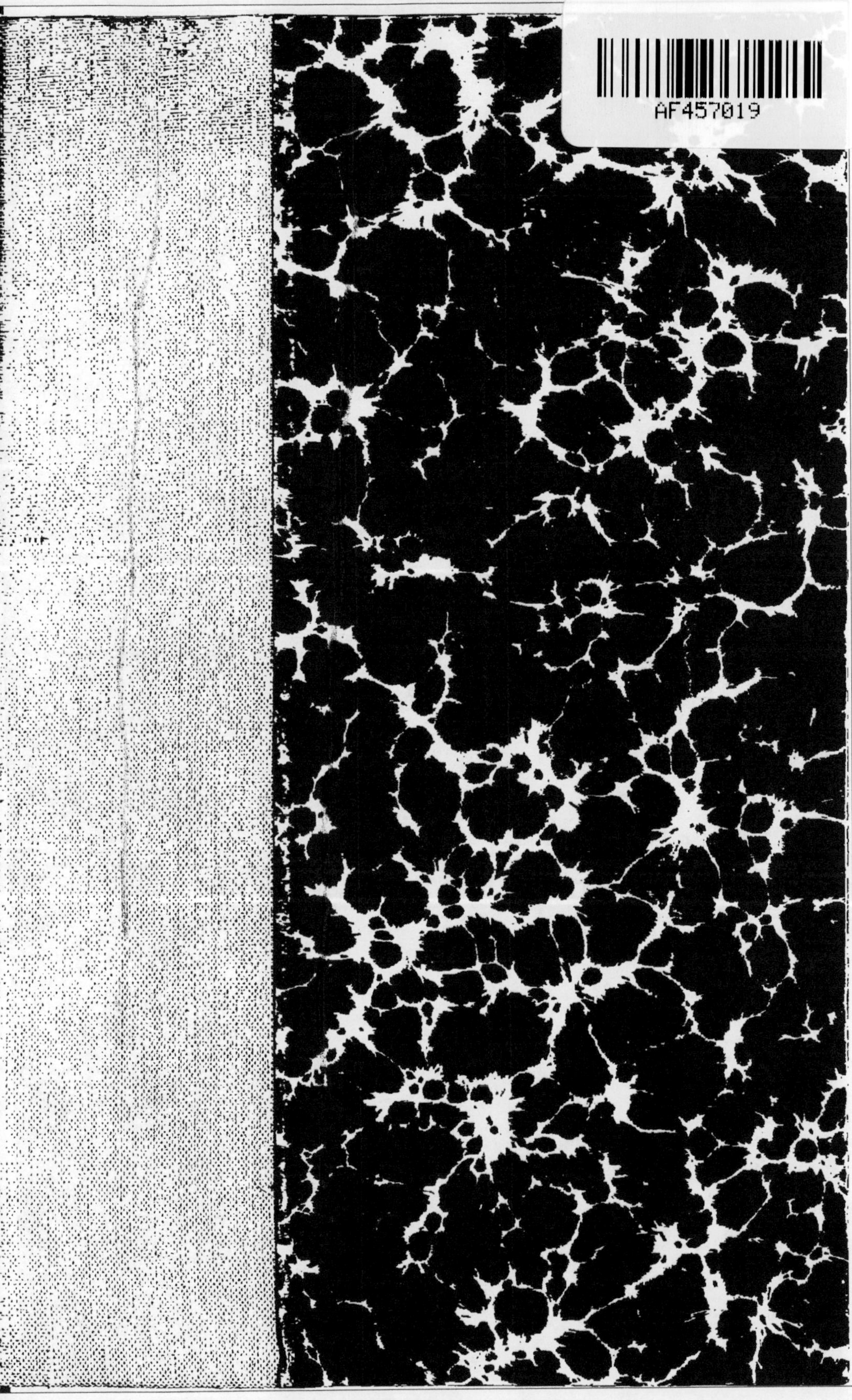

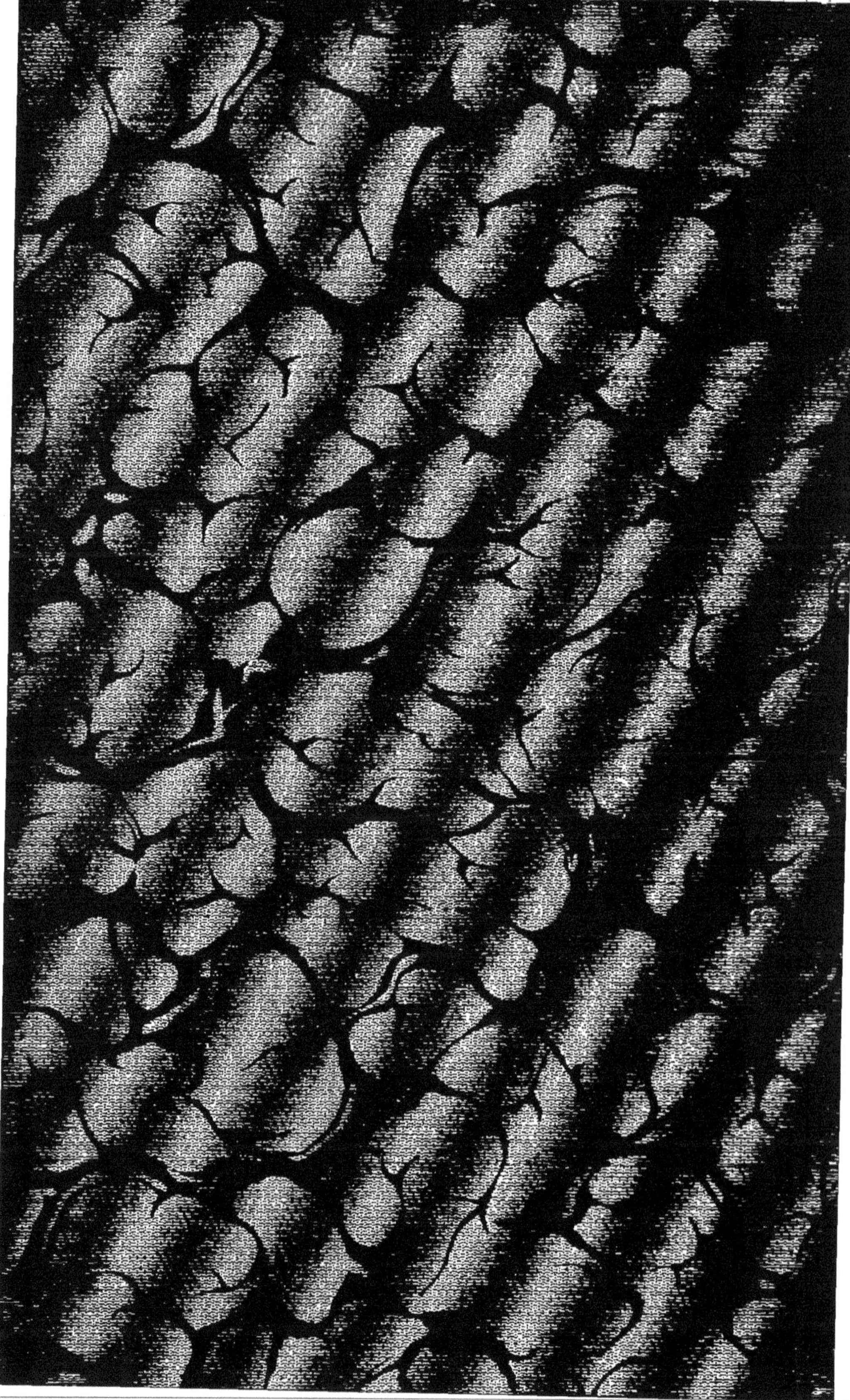

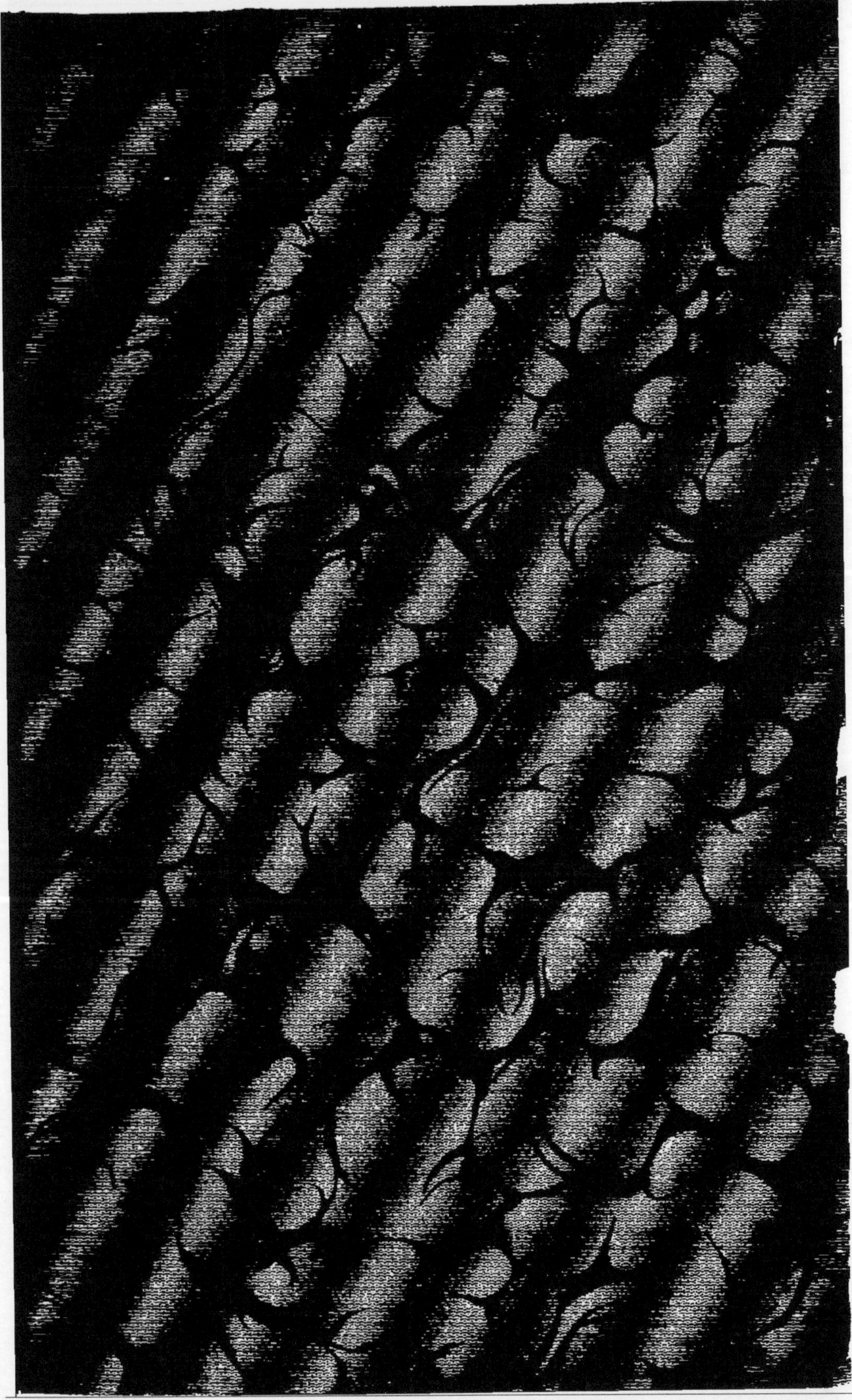

[illegible] TERR[illegible]

[illegible] LES [illegible]

[illegible]ISTOIRE DES [illegible]

[illegible] des [illegible]

[illegible]

[illegible] Abbé F. FENO[illegible]

SECONDE ÉDITION

[illegible] considérabl[illegible]

AOSTE

IMPRIMERIE ÉDOUARD DUC

1887.

LA TERREUR
SUR LES ALPES

AVEC L'HISTOIRE DES DEUX PREMIERS

Régiments des Socques

PAR

l'abbé F. FENOIL

SECONDE ÉDITION

revue et considérablement augmentée.

AOSTE
IMPRIMERIE ÉDOUARD DUC
1887.

A LA MÉMOIRE

DU PÈRE LAURENT

LE GRAND BIENFAITEUR DU VAL D'AOSTE

ET

DU PÈRE ALBINI

GÉNÉRAL DES BARNABITES

PRÉFACE

Divers motifs nous engagent à publier cette deuxième édition de la *Terreur sur les Alpes.* La première édition parue à Florence avait besoin d'être retouchée ; or, les recherches que nous avons pu faire nous ont permis non seulement de corriger, mais d'augmenter de la moitié au moins notre modeste travail, dont la troisième partie, par exemple, est toute neuve.

Un autre sentiment a inspiré ce livre ; c'est le désir de mettre dans son vrai jour le caractère valdôtain que des critiques prévenus se plaisent à dénigrer. En 1874, lors de la première édition de la *Terreur sur les Alpes*, un homme de grand mérite nous écrivait à ce propos :

« Vous avez ajouté à l'histoire de votre pays
« des pages qui resteront. Que de faits illustres
« étaient restés dans l'ombre ! C'est une petite
« épopée où brillent de véritables héros, tels que
« Darbelley, Jérôme Nicci, François Chamonin, etc.
« Quel touchant épisode que celui du Grand-Crucifix de La-Thuile ! Et ces bons *miliciens*, pou-
« vaient-ils être plus braves, plus dévoués à la

« foi de leurs pères et à l'indépendance de leur « patrie ? C'est bien consolant de rencontrer de « tels souvenirs, à une époque comme la nôtre, « où la foi, hélas ! baisse de plus en plus, et où « les caractères s'affaissent à vue d'œil ! »

J. M. Albini
Sup. gén. des Barnabites.

Puisse ce modeste ouvrage ne pas rester trop à distance de l'idéal qu'il s'est proposé, et contribuer surtout à retremper la noblesse des caractères. Les grandes actions sont filles des fortes convictions. Lorsqu'avec les beautés qui le distinguent, notre siècle aura passé des opinions qui aujourd'hui lui restent presque seules, à de profondes croyances, sur Dieu, sur l'Immortalité, sur la Providence, sur la Vie, promesse éternelle, alors plus que jamais de grands caractères honoreront l'Humanité. Nous appelons de tous nos vœux ce jour pour le monde et nos chères montagnes.

LA TERREUR
SUR LES ALPES

PREMIÈRE PARTIE

CHAPITRE Ier

Cest une page rouge de sang que je vais écrire ; cette page se rapporte aux années 1793, 1800 ; à ces temps devenus fameux par la répulsion ou la sympathie qu'ils inspirent. Ce petit livre aura pour nos arrière-neveux quelque valeur peut-être, parce qu'il touche à cette Révolution que plusieurs crurent *un évènement passager*, mais qui, en réalité, est la sanglante aurore d'une *grande époque sociale*.

Victor Amédée III régnait sur le Piémont et la Terreur sur la terre illustre des Gaulois. Le lion révolutionnaire après être né dans la France en 89, et y avoir grandi, commençait à se sentir trop à l'étroit dans son berceau. Comme s'il avait eu le pressentiment d'atteindre toute sa hauteur sur le sol des Machiavel et des Mazzini, il se chercha une voie vers l'Italie, escalada les montagnes de la Savoie, alors piémontaise, et en moins d'une année arriva sur les confins de l'Italie actuelle, à ce point où est bâti l'hospice du Petit-St-Bernard.

Là, il rencontra l'ennemi avec des forces imposantes. Une lutte étrange commence entre eux. D'un côté les piémontais, avec leurs soldats d'acier et de foi, de l'autre, les français avec leurs légions d'esprits follets et de voltairiens en armes.

C'est un spectacle intéressant que de voir deux peuples représentant deux causes célèbres, celles d'un monde qui croule et d'un autre qui commence, se disputer pied à pied le terrain au sommet de ces Alpes dont les neiges sont appelées éternelles. La guerre dure huit ans : commencée au mois d'avril 1793 elle ne s'achève que vers la fin de l'an 1800.

Lorsqu'on entend parler de guerre et de batailles livrées, on se figure toujours des milliers de soldats rangés dans une vaste plaine et brûlés par les ardeurs d'un soleil méridional. Ici, nous n'avons rien de semblable. Le champ de bataille est tantôt le col du Petit-St-Bernard, tantôt le col du Mont à une hauteur de plus de 2,000 mètres, au dessus du niveau de la mer, presque toujours couverts de monceaux de neige, entourés de pics élevés et de rochers abruptes.

Le Petit-St-Bernard, un des cols les plus larges et les plus enchanteurs que possèdent nos Alpes, est depuis longtemps connu des touristes. Toutes les fois qu'on y arrive, on éprouve un vif sentiment de plaisir et d'admiration. La montagne s'ouvre comme par enchantement, un bassin, relativement spacieux s'offre aux regards du voyageur qui a longtemps marché entre deux haies de pics. Au milieu de ce bassin magnifique, on voit s'élever l'élégant hospice du Petit-St-Bernard ; au couchant, apparaître une armée de pics nouveaux, ceux de la Savoie et du Dauphiné ; au levant, s'élancer jusqu'aux nues les sommités qui font cortège au Mont-Blanc.

Les hommes de guerre qui étaient les seuls touristes des anciens temps, ont connu ce col enchanteur, et l'ont rendu fameux par leurs excursions belliqueuses. Les Romains y ont laissé des traces de leur passage ; la colonne *Joux* qui est à vingt minutes de l'hospice du Petit-St-Bernard, est un de leurs monuments. Des fouilles pratiquées au pied de cette colonne par les soins de M. l'abbé Chanoux, ont mis à découvert des monnaies romaines et des anneaux très-précieux.

Prés de la colonne, se trouve le *cercle d'Annibal* qui, au dire de plusieurs savants, envahit l'Italie par le Petit-St-Bernard. Il est aussi hors de doute que les fiers Gaulois, à l'époque de leurs promenades armées dans l'Italie, débouchèrent très-souvent par ce passage.

Au mois d'avril 1793 les troupes françaises touchaient précisément à ce col fameux. Leur campement devait s'étendre de la région des *Eaux-rousses* à la cantine de Savoie bâtie au pied de la sommité qui porte le nom de *Belle-face*. Ils étaient donc au couchant de l'hospice. Les Piémontais au contraire occupaient le levant, le midi et le nord. Au midi, ils étaient maîtres d'une position terrible : le *Traversel*. On y voit encore aujourd'hui des murs en ruine, et des traces de chemin qui attestent l'importance stratégique donnée à ce promontoire.

Au nord, ils déroulaient leurs bataillons sur les flancs de la montagne appelée *Lance-Branlette*.

En faisant l'ascension de cette sommité, on aperçoit divers tronçons de route que le gazon recouvre à demi, et qui servirent dans ces temps aux marches militaires des deux armées. Au centre et au levant, devaient être les tentes des soldats Piémontais.

En face de l'hospice, vers le midi s'élève un bâtiment long et bas qu'on appelle *caserne*. Ce bâtiment date de 1793, et dut servir aux munitions des troupes piémontaises. Aujourd'hui, il sert d'abri au bétail que les marchands font passer de France en Italie, et d'Italie en France à l'époque des foires.

Les deux armées campées au Petit-St-Bernard, offraient à un observateur attentif un spectacle bien différent.

Les français étaient, plus nombreux, plus enthousiastes et plus confiants dans le succès. Maîtres de la Savoie, ils croyaient d'un pas mettre le pied sur les plaines enchanteresses de l'Italie, comme jadis les carthaginois d'Annibal. Ils semblaient être en ébullition continuelle ; derrière eux, ils voyaient la France entière prête à les soutenir, en eux, ils sentaient le démon révolutionnaire qui sans cesse les poussait en avant.

Les piémontais étaient moins nombreux, surtout moins exaltés, mais plus patients et plus fermes. Les revers subis dans la Savoie les avaient un peu abattus, d'ailleurs ils ne sentaient pas brûler dans leurs veines le sang fiévreux de ceux qui venaient rendre l'Italie libre, après avoir crié à Paris : *Vive la sainte guillotine !*

Les français se faisaient gloire de ne craindre rien ni du ciel, ni de la terre. Du ciel que pouvaient-ils craindre ? Ils ne reconnaissaient pas de Dieu et professaient les matérielles doctrines de J. J. Rousseau et de Voltaire, dans toute leur crudité. Ils ne craignaient rien sur terre, eux qui se disaient le *grand peuple, la grande armée, l'armée invincible !*

Leur camp était le modèle d'un camp athée ; jamais un signe de religion, ni une prière, pas un seul prêtre. Ces fils infortunés de la France voltairienne vivaient philosophiquement et mouraient philosophiquement au milieu des neiges, sans entendre une parole d'espérance et d'immortalité.

Les soldats piémontais ne leur ressemblaient pas. Leur roi Victor Amédée était un croyant, et eux-mêmes étaient pour la plupart des croyants convaincus. Dans leur camp, la religion était respectée, et possédait un digne représentant dans le Père Albert Falletti, jésuite natif de Turin et aumônier des grenadiers royaux. Cet homme mêla son sang à celui des soldats et mourut au Petit-St-Bernard le 17 juillet 1793.

Grâce à ses soins multipliés, l'armée piémontaise ne perdit presque pas de membre qui ne reçût avant de mourir les consolations du prêtre et les sacrements de l'Eglise. J'ai pu constater par les actes mortuaires de La-Thuile que sur cent soldats morts, quatre-vingt-quinze ont été munis des secours religieux.

De nos jours, le camp athée passe de mode en France et le devient en Italie. Il y a chez nous une race moyenne, qui ne donne guère de soldats, moins encore de prêtres, qui les hait l'un et l'autre et qui a fait des livres et des lois pour les séparer. Elle veut que le soldat se détourne de la religion ; comme si l'amour de la patrie et l'amour de la religion n'étaient pas frères.

Le jour où l'on comprendra mieux que le Christianisme est cet esprit vivifiant et mystérieux qui agite les peuples modernes et les conduit pas à pas, mais sûrement, à la conquête de la liberté, alors, il faut l'espérer, le conflit qui, aujourd'hui encore, trouble le monde, cessera.

CHAPITRE IIme

I.

Arrivée des grenadiers royaux au petit St-Bernard. — Escarmouches au milieu des neiges. — Combat du 29 mai 1793. — Arrivée de nouveaux bataillons piémontais. — Nouveau cimetière. — Bataille du 29 juin. — Mort du commandant des grenadiers-royaux, d'Andon-Ricci. — Ses funérailles.

C'était le mois d'avril 1793, les grenadiers royaux du Piémont après avoir parcouru les plaines d'Ivrée et celles de la vallée d'Aoste, arrivaient au Petit-St-Bernard, occupaient le *Traverset* et les autres positions que j'ai décrites. L'un de leurs principaux chefs était le comte d'*Andon Ricci*, natif de Nice. La montagne à cette saison, était certainement couverte de neige, et l'on dut se battre pendant deux mois au milieu des brouillards ; les rencontres survenues à cette époque, sur ces sauvages sommités durent avoir le caractère silencieux et cruel des rencontres de braconniers qui s'épient.

En date du 3 avril 1793, les archives de La-Thuile consignent la mort d'un instructeur militaire d'Ayas nommé *Rollandin* qui périt au Petit-St-Bernard près de la colonne Joux. Au mois d'avril encore, fut formée une ambulance pour les soldats piémontais, ce qui indique évidemment qu'à cette saison déjà le fer et le feu avaient fait des blessés.

Toutefois pendant le mois d'avril et les premiers jours de mai, les luttes ne purent être bien fréquentes. Les Piémontais morts, à cette époque, sont rares, ils furent en partie enterrés à La-Thuile au cimetière des étrangers.

Le 28 mai 1793 est une date remarquable dans les fastes de cette guerre au sommet des Alpes. Le soleil se levait à l'horizon clair et splendide, un vent tiède passait sur la montagne, la neige reculait à vue d'œil. Les français profitèrent de ce magnifique jour pour livrer assaut aux postes fortifiés des piémontais ; le Traverset fut attaqué avec acharnement et défendu avec une vigueur héroïque. De part et d'autre il y eut des morts et des blessés nombreux. Car, le cimetière, qui destiné à La-Thuile pour les étrangers, avait pu recevoir jusqu'alors les dépouilles mortelles des soldats piémontais, à partir de ce jour ne suffit plus.

Un cimetière plus spacieux devint indispensable ; on le place à La-Thuile, derrière la chapelle de St-Roch entre le château et le chef lieu. M. Cento, vicaire de La-Thuile, fut délégué pour le bénir, par Mgr Solar, le 12 juillet 1793. Selon toute probabilité, on n'enterra dans ce cimetière que les soldats blessés, morts à l'ambulance.

Du temps que les français furent arrêtés au Petit-St-Bernard, les funérailles des soldats piémontais se firent à La-Thuile avec toutes les cérémonies de l'Eglise et les prières des fidèles. Une distance de deux heures séparait le champ des morts du champ des batailles, et permettait aux ministres de l'Eglise de rendre aux martyrs de la patrie les derniers honneurs.

Le combat du 28 mai n'eut pas de résultats fort apparents ; les piémontais ne perdirent aucun de leurs postes, et les français n'obtinrent aucun avantage si ce n'est peut-être celui d'avoir notablement ébranlé l'ennemi. Ce qui me porte à croire toutefois que les armées piémontaises reçurent une secousse dans cette journée, c'est le fait suivant. Depuis le mois d'avril 1793 jusqu'au mois de juin, les Grenadiers royaux du Piémont figurent seuls au Petit-St-Bernard, seuls ils prennent part aux batailles et laissent des morts dans la mêlée.

Peut-être croyait-on que ces vaillants soldats auraient suffii pour tenir tête aux français et leur barrer le passage des Alpes. Le combat du 28 mai paraît avoir fait tomber cette illusion. C'est pourquoi nous voyons au mois de juin accourir au Petit-St-Bernard de nouvelles troupes, les *artilleurs*, les *compagnies* de Turin et de Montferrat.

Chaque jour la lutte se précipite et devient plus intéressante. Les français avec cette *furia* qui est le propre de leur nature, ne cessent de harceler l'ennemi. Leur point de mire principal est toujours le *Traverset.* Les piémontais de leur côté, reçoivent des secours, concentrent au Petit-St-Bernard de nouvelles forces et redoublent de courage sentant bien que la prise du Traverset serait une catastrophe irréparable.

A partir du 28 mai jusqu'au 29 juin 1793, rien de notable ne se passe au Petit-St-Bernard. Les deux armées rivales sentaient le besoin du repos et voulaient se préparer à de nouvelles luttes par quelque jours de trève. Dans cet intervalle, il ne mourut du côté des piémontais que quelques soldats, rien n'empêche de croire qu'ils avaient été blessés au combat du 28 mai.

Trente jours s'étaient écoulés, les français avaient repris des forces et les piémontais avaient reçu des secours importants ; alors une nouvelle bataille s'engagea. Elle eut lieu le 29 juin. Depuis les premières heures du jour, le *Traverset* fut comme d'habitude, le boulevard attaqué et défendu avec le plus d'acharnement. Aux grenadiers royaux du Piémont, s'étaient joints pour le défendre les *artilleurs*, les compagnies de *Turin* et de *Montferrat*. La lutte dura toute la journée, les troupes françaises sans cesse refoulées dans le creux de la montagne remontaient sans cesse avec le même courage et cernaient le redoutable Traverset au couchant et au midi.

Là où tombait un de leurs soldats un autre semblait naître et prendre sa place. Malgré tant d'héroïsme et tant d'efforts, la victoire resta aux piémontais, le *Traverset* fut sauvé, l'hospice du Petit-St-Bernard et les environs de Lance-Branlette conservés. Les français perdirent dans cette journée beaucoup plus d'hommes que les piémontais. Ils avaient dû se battre en rase campagne et recevoir les balles ennemies qui tombaient comme la grêle sur leurs têtes.

Les piémontais, de leur côté, firent quelques pertes regrettables. Le commandant des grenadiers-royaux, le comte *D'Andon Ricci* de Nice périt en suite de cette bataille. C'était un soldat énergique et doux, type parfait du bon capitaine. Il appartenait à une race d'hommes qui s'est à peu près perdue, à la race des Bayard et des Duguesclin, de ces guerriers qui étaient aussi bons chrétiens que bons soldats. Il expira le trente juin 1793, à dix heures de la nuit, après avoir reçu les sacrements de l'Eglise qu'il avait demandés : *requisitis sacramentis*, disent les archives de La-Thuile.

Les grenadiers royaux perdirent en lui, non seulement une bonne épée, mais un guide expérimenté. Il avait pu se former longuement à ce genre de guerre tantôt au milieu des rochers, tantôt sur l'arête des monts, tantôt dans l'enfoncement d'une vallée ; les changements incroyables de température qui surviennent chaque jour au sommet des Alpes ne le surprenaient pas. Aussi sa perte se fit rudement sentir ; elle fut comme un signe précurseur des désastses qui étaient réservés aux troupes piémontaises.

Ce valeureux capitaine reçut à ses funérailles des honneurs particuliers et bien mérités. Son corps fut transporté du Petit-St-Bernard à La-Thuile et enseveli dans l'église même de ce lieu, au côté droit, devant l'autel du Rosaire : *Sepultus fuit in parte dextra Ecclesiae, coram altari dicto Rosario*. (Archives de La-Thuile).

Il y a quelque chose de touchant dans cette épée déposée aux pieds de la Sainte Vierge, et dans ce guerrier qui vient reposer au lieu de la paix et de la prière. L'Eglise seule a l'idée de ces rapprochements si simples et si sublimes, seule elle sait honorer dignement la mémoire des hommes de cœur.

Longtemps les restes mortels d'Andon-Ricci demeurèrent dans l'oubli. En 1872 une femme jeune et noble (1) qui porte dans ses veines le sang du vaillant soldat, traversait La-Thuile et s'acheminait vers le Petit-St-Bernard. Chemin faisant, elle se rappela qu'on lui avait dit à Nice qu'un de ses parents, chef de troupes, était mort en 93 près du Petit-St-Bernard, en défendant le territoire national. Son cœur pieux aurait voulu verser quelques larmes et quelques prières sur la tombe de ce parent chéri. Mais où reposaient ses cendres ?

Elle cherche, s'adresse à M. l'abbé Joseph Sarteur, curé de La-Thuile et lui demande s'il ne reste dans ce pays aucun souvenir d'un militaire de l'an 93, nommé *D'Andon-Ricci*. Le bienveillant abbé répond que ce nom n'est jamais parvenu à ses oreilles. Cependant il s'empresse de consulter les archives de ce presbytère, et après avoir longtemps feuilleté, ses yeux s'arrêtent sur un vieux manuscrit. Le nom cherché s'y trouve avec indication de l'endroit où repose le vaillant guerrier.

(1) Mme Gerenzani Caroline, née d'Andon Ricci.

Une plaque de marbre a été placée depuis à cet endroit, avec l'inscription suivante :

ICI REPOSE

JEROME RICCI COMTE D'ANDONNO

COMMANDANT D'UN CORPS DE GRENADIERS ROYAUX
TOMBE PRES D'ICI DE LA MORT DES BRAVES
LE XXX JUIN MDCCXCIII
AVEC SOIXANTE TROIS DE SES COMPAGNONS D'ARMES
EN DEFENDANT CETTE EXTREME FRONTIERE DE LA PATRIE
CONTRE L'INVASION FRANÇAISE
SES PETITS FILS
LES COMTES FRANÇOIS ET NICOEUS DE ROUBION
DE NICE MARITIME
SES NEVEUX ET SES NIECES
ALEXANDRE RICCI D'ANDONNO, MARIANNE COMO
CAROLINE GERENZANI
FRÈRE ET SOEURS RICCI D'ANDONNO
AYANT ENFIN DECOUVERT LE LIEU OÙ REPOSENT SES CENDRES
LUI ONT ELEVE CE MONUMENT
EN
MDCCCLXXIII

CHAPITRE IIIme

I.

Mort de l'aumônier des grenadiers — Des renforts arrivent aux piémontais — Le duc de Montferrat passe le Petit St-Bernard — Succès et revers — Hivernage des deux armées — Les soldats chasseurs.

Les troupes du Piémont avaient subi des pertes sérieuses dans la journée du 29 juin 1793 ; depuis lors, un certain découragement se jeta au milieu d'elles, tandis qu'une audace toujours croissante animait les soldats de la Révolution française. Ceux-ci, pendant l'espace d'un mois, ne laissèrent pas à l'ennemi, un seul instant de repos. Les fréquentes morts survenues dans l'armée piémontaise et consignées dans les archives de La-Thuile, depuis le 29 juin 1793 jusqu'à la fin de juillet, font conclure que la lutte était incessante.

Sur ces entrefaites, les piémontais reçurent de nouveaux secours, une nouvelle compagnie, la *Marine* leur arriva. Ces soldats étaient-ils appelés à être les marins de ces mers de glace qu'on appelle *glaciers* du Rhutor et du Mont-Blanc ? Ainsi renforcés, les grenadiers royaux réussirent à tenir en respect l'armée française, pendant l'été de 1793, aucune position imporportante ne fut perdue, les environs de Lance-Branlette, le Traverset leur restèrent.

En date du 17 juillet 1793, est consignée la mort de l'aumônier des grenadiers royaux. J'ai dit que c'était un prêtre turinais nommé *Albert Falletti*, membre de la Compagnie de Jésus. Ainsi que le capitaine Ricci d'Andon, il fut transporté à La-Thuile et enseveli dans l'Eglise au bas du chœur. *Sepultus fuit in tumulo sacerdotum sito infra ultimum gradum chori in medio Ecclesiae Thuliae* (archives de La-Thuile). De la tombe du religieux à celle du capitaine, il y a à peine quelques pas. Il est juste que ces deux hommes unis par les mêmes convictions, morts pour la même cause, partagent le même lit funèbre.

Le P. *Albert Falletti* était aussi bon soldat que bon prêtre. Le roulement du canon et le sifflement des balles n'avaienf rien d'effrayant pour lui. On le voyait paraître au milieu des mêlées les plus affreuses, administrer aux mourants les secours de l'Eglise, encourager les blessés et leur donner les premiers soins sous la direction du médecin militaire. Parmi la foule des soldats piémontais morts au Petit-St-Bernard, on n'en compte que deux ou trois auxquels il ne put porter les consolations de sa parole et de son ministère sacré. Aux jours de bataille, il semblait se multiplier et se trouver à la fois, sur tous les points du combat.

Cet homme finit par être victime de son dévouement, il tomba sur le champ des braves et s'en alla reposer à côté d'eux. Touchante union des soldats du ciel avec les soldats de la terre!

On ne sait par qui le P. Falletti fut remplacé. Est ce par le Barnabite *Pratoz* qui figure à sa sépulture, ou par quelqu'autre ? Mais ici nous allons voir un personnage important, un officier de sang royal, figurer dans ces luttes alpestres.

En 1793, le roi Victor Amédée III avait confié le commandement de ses troupes à son troisième fils, le duc de Montferrat, qui était l'idole des soldats par la douceur de son caractère et la grâce de ses manières, mais qui manquait de l'expérience et de l'énergie nécessaires pour lutter contre les armées de la fameuse Révolution.

Le jeune prince avait sous ses ordres le général autrichien d'Argenteau ; il divise son armée en trois corps, et pénètre lui-même à la tête du premier dans la Tarentaise. On s'accorde à dire qu'il arriva au Petit-St-Bernard vers le 14 août 1793 ; d'après *Giuseppe Giacosa*, il y aurait été suivi d'une cinquantaine de domestiques, dont deux spécialement chargés de préparer le café de son Altesse Royale ! ! En vérité, c'était bien mal comprendre et son époque et les héros en guenilles qu'il avait à combattre.

Cependant le duc s'avança jusqu'au camp du général français Bagdelonne qui était avantageusement placé près de Séez. Campé sur la rive droite de l'Isère, deux redoutes le défendaient, l'une contre les Piémontais du Petit-St-Bernard, l'autre contre ceux qui veillaient au Col du Mont.

Le général d'Argenteau eut ordre d'attaquer par le côté de Valgrisenche, tandis que le duc de Montferrat opèrerait sur l'autre. La lutte fut acharnée, mais après avoir opposé la plus vive résistance, les républicains se replièrent sur le vallon de Bonneval où ils continuaient à se battre jusqu'au soir. Nos braves troupes eurent la victoire, et les français, à la faveur de la nuit, firent leur retraite sur Moûtiers. Cette dernière position ne put être gardée longtemps. Le duc de Montferrat s'avança avec le gros de ses forces, pendant qu'une petite colonne se dirigeait par Montgirod et Aigueblanche. Craignant d'être enveloppés les français brûlèrent leurs magasins et se replièrent en désordre sur Conflans. Alors le jeune prince piémontais porta son quartier général à la Roche Cévin, où malheureusement il s'arrêta six semaines. Ce temps d'inertie fut fatal au succès de la campagne. Harcelé bientôt par Kellermann général en chef de l'armée française du Mont-Blanc et par le général Ledoyen, il opéra sa retraite au milieu des plus grands dangers. Même les républicains accusèrent Kellermann d'avoir laissé échapper le duc qu'ils eussent tant aimé à avoir entre leurs mains.

Avant d'arriver au Petit-St-Bernard, le duc fit halte, pour donner à ses troupes qui débouchaient sur divers points, le temps de gagner le sommet de la montagne. Les ennemis l'assaillirent avec la plus grande impétuosité ; le prince soutint une bataille meurtrière, arrêta durant toute une journée les français par une cannonade bien nourrie et réussit ainsi à sauver les équipages mêmes.

D'un autre côté, le marquis de Sales qui était chargé d'attaquer les français dans le Faucigny, avait passé le Petit-St-Bernard dans le mois d'août 1793, s'était avancé jusqu'à Sallanches et à Cluses. Mais ses forces n'étaient pas suffisantes et bientôt il fut contraint d'opérer sa retraite par les sentiers affreux du Bonhomme et de l'Allée Blanche. A peine le duc de Montferrat pût-il être informé de cette reculade subite.

Cependant la saison devenait mauvaise, une bise glaciale commençait à souffler sur ces hauteurs, les campagnes étaient désertes, la neige descendait et s'accumulait. Les touristes qui ne connaissent nos montagnes que par leurs courses d'été, ne peuvent s'imaginer jusqu'à quel point l'hiver est long et rigoureux au sommet des Alpes. Ces mots passés en proverbe disent tout : *en montagne, neuf mois d'hiver et trois mois de froid.*

C'est à cause de cette excessive rigueur des hivers que nos montagnards eux-mêmes ont coûtume de dire : *Louez la montagne, mais tenez-vous en plaine.* Un seul jour mauvais peut accumuler au Petit-St-Bernard six ou sept mètres de neige, et rendre absolument impraticables des chemins qui, la veille, étaient encore battus. Si à la neige qui tombe, on joint ce vent terrible qu'on appelle la *tourmente*, et qui déplace et forme en un instant des montagnes de neige, alors on aura une faible idée de l'hiver des alpes.

On s'imagine peut-être que pendant l'hiver, les deux armées rivales abandonnèrent ces pays sauvages. Que pouvaient-elles faire sur ces hauteurs dans une pareille saison ? Chose étonnante ! Ces guerriers acharnés ne quittèrent pas une minute le terrain.

En effet. Le 5 octobre 93 arrive au Petit-St-Bernard le régiment de *Maurienne*, au mois de décembre arrive la compagnie de *Novare* ; ces deux compagnies se joignent aux troupes piémontaises.

Les archives de La-Thuile font mention de plusieurs guerriers morts au Petit-St-Bernard durant l'hiver 1793-94, ce qui prouve évidemment que le Traversel et ses environs furent occupés pendant toute cette saison. Le onze novembre 1793, par exemple, eut lieu près de l'hospice, la mort d'un jeune militaire issu d'une famille noble : *Charles de la Beusia*, officier dans l'arme la *Marine* et natif d'Albano.

Ainsi, les braves piémontais succombaient les uns après les autres, martyrs inconnus de l'indépendance nationale. Ils semblaient avoir pris pour devise ce mot des Grecs aux Thermopyles : *ou vaincre ou mourir*. Hélas ! ils devaient mourir ! Si du moins une colonne rappelait leurs noms, leur héroïsme !

II.

L'année 1794 s'ouvre. Ce devait être l'année décisive pour les combattants qui se mesuraient aux alentours du Petit-St-Bernard.

Au mois de janvier, c'est-à-dire au cœur de l'hiver les paisibles habitants de La-Thuile ensevelis au milieu de leurs neiges furent témoins d'un spectacle presque inouï. Un matin, par une journée glaciale, le bruit du fer et de la trompette guerrière les réveilla. C'était une compagnie de *soldats-chasseurs*, qui, venant du Piémont, traversaient cette gorge horrible qu'on appelle *Pont-Taillaud* et se rendaient au Petit-St-

Bernard pour secourir leurs frères d'armes.

Ces braves guerriers fendaient la neige avec un courage héroïque, à leurs barbes pendaient des glaçons qui s'entrechoquaient avec un bruit étrange. Ils passaient silencieux, au milieu des montagnards qui sortaient de leurs étables pour les voir défiler et leur offrir quelques soulagements.

Les *chasseurs* devaient être admirablement taillés pour cette guerre au sommet des monts. Francs-tireurs de l'Italie, ils partagent avec les grenadiers-royaux, les principaux honneurs de la lutte. Les grenadiers-royaux furent les héros piémontais de l'an 93, et les soldats-chasseurs ceux de l'an 94. Plusieurs d'entre eux périrent aux mois de janvier et de février, quelque temps après leur arrivée au Petit-St-Bernard. On compte parmi eux *Viard Louis* du Faucigny, *Gaillard Joseph*, savoisien, *Gaidet Baptiste* de Mont-Valaisan, *Jacques Culcia*, Biellois, *Rosa* d'Asti.... ces deux derniers appartenaient au régiment de Novare.

Furent-ils victimes des coups ennemis ou du climat meurtrier qu'ils avaient affronté ? On ne le sait. Les français de leur côté virent beaucoup d'hommes succomber aux intempéries de la saison. Quoique supérieurs aux piémontais par le nombre, ils ne l'etaient pas par la force individuelle et la patience. Presque tous les soldats du Piémont étaient de robustes montagnards accoutumés depuis l'enfance anx injures de l'air, tandis que beaucoup de français venaient du midi et sentaient leur ardeur fébrile s'éteindre bien vite devant les glaces du Rhutor.

CHAPITRE IVme

I.

La Légion légère. — Bataille décisive. — Prise du redoutable Traverset. — Héroïsme d'un officier piémontais et terrible catastrophe. — La-Thuile envahie. — Lettres de Bagdelonne, général français. — Panique à la cité d'Aoste.

Au mois de février 1794 un combat partiel eut lieu près de l'hospice du Petit-St-Bernard. Bordy commandait la compagnie de Novare, l'un de ses principaux officiers était le comte Castellani. Ce combat qui ne put être ni long ni très-important n'a laissé que peu de souvenirs.

En date du 8 mai 1794, paraît à La-Thuile une nouvelle légion dite la *légion légère*, sous le commandement de Mino. On voit que Victor-Amédée III concentrait chaque mois de nouvelles troupes au Petit-St-Bernard ; il sentait que cette position était un vrai rempart pour ses Etats. Depuis le commencement de l'an 93, il y avait envoyé en première ligne, les grenadiers-royaux puis les artilleurs, les compagnies de Turin et de Montferrat, le régiment dit la *ma-rine*, les régiments de Novare, de Maurienne et d'Ivrée, enfin les soldats-chasseurs et la légion légère.

Parmi ces compagnies diverses, on s'étonne de ne pas voir figurer la compagnie d'Aoste qui était composée presque entièrement de robustes Valdôtains. Nés au milieu des neiges, ils les auraient moins redoutées, enfants des montagnes menacées, ils les aurait défendues avec plus d'ardeur, s'il était possible. La légion Valdôtaine paraît à la vérité, sur les hauteurs du Petit-St-Bernard au mois d'octobre 1792, c'est-á-dire au début de la guerre ; c'est en effet, à cette époque que se rapportent la mort d'un certain *Alès* caporal de la légion Valdôtaine, et celle d'une autre soldat de la même légion, tous deux morts près du Traverset. Mais depuis les derniers mois de l'an 92, il n'est plus question des soldats Valdôtains. Ils ne furent pour ainsi dire que les explorateurs, puis, la lutte commencée, ils disparaissent et ne se montrent plus.

Le mois d'avril de l'an 1794 arrive et ramène avec lui les journées sereines. Au dire des vieillards Thuilains, le printemps de cette année fut précoce et magnifique. Les Français et les Piémontais en profitèrent pour se battre avec plus de fureur que jamais et se porter des coups décisifs. Les Français avaient considérablement grossi leurs rangs, ils occupaient toujours les environs des eaux-rousses et les flancs de Belle-face, c'est-à-dire le couchant de l'hospice. Les Piémontais étaient placés sur le redoutable Traverset et sur les flancs de Lance-Branlette c'est-à-dire au levant de l'hospice.

On était arrivé au 24 avril 1794. Les Français prennent l'offensive, ils attaquent avec toutes leurs forces le Traverset, montent á l'assaut de cette montagne d'où pleuvaient les balles et les boulets ennemis. Dans le même temps que le gros de leurs troupes ébranlent ce terrible boulevard, d'autres tentent de forcer le passage du côté de Lance-Branlette.

Les Piémontais assaillis de toutes parts se multiplient et se défendent avec un courage qui tient du désespoir. Les grenadiers-royaux et la légion légère font des prodiges de valeur.

Le capitaine Darbelley, originaire de Valgrisanche, se couvre de gloire en cette journée. Pareil aux Duguesclin et aux Pietro Micca, aussi fort que les héros de l'ancien temps, il tente un effort désespéré. Voyant que les français montent en foule au Traverset, il se place avec sa petite troupe à l'entrée du fort, là où devait être le pont-levis. Brandissant sa formidable épée, il fait voler en l'air les têtes de ceux qui s'avancent les premiers. Un instant l'armée ennemie est arrêtée devant ce héros, et les plus vaillants tombent sous les coups répétés de son épée toute sanglante.

Cependant Darbelley est couvert de blessures, le sang ruisselle de son visage, ses compagnons expirent à ses côtés, mais son cœur ne défaillit pas. Son bras toujours ferme ne cesse de frapper que quand son corps est taillé en pièces. Sa petite troupe est défaite et précipitée des rochers du Traverset dans le creux du vallon. Ainsi le nombre l'emporte sur la bravoure...

Les chasseurs se distinguent aussi dans cette affreuse mêlée par l'habileté de leurs mouvements. Vains efforts ! Le nombre l'emporte encore, un cri sinistre retentit tout à coup : *Le Traverset pris ! Le Traverset pris* ! C'était le cri des Français victorieux.

A partir de ce moment, la panique se jette au milieu des Piémontais, leurs rangs qui jusqu'alors s'étaient maintenus serrés, se décomposent ; la débandade est complète. Ils prennent la fuite vers la Thuile, arrivent à Pont-Serran qui est le dernier village du Piémont, du côté de France. Là se trouve un pont qui est jeté sur le torrent des Orgères à une hauteur vertigineuse. On ne peut rien voir de plus effrayant que cet abîme au fond duquel roulent des eaux glacées.

Les Piémontais le traversent, puis le font sauter, coupant ainsi la route à l'ennemi ; de là ils se replient en ordre sur le versant septentrional de La Thuile. C'est ici que la tradition populaire place un fait lamentable.

Derrière les Piémontais était resté un de leurs officiers. Cet homme héroïque avait disputé pied à pied le terrain à ses ennemis ivres de succès, et avait été le dernier à quitter le champ de bataille. Voyant enfin qu'il allait infailliblement périr, il monte à cheval et vole à toute bride vers La Thuile.

Les vainqueurs le suivent de près.... cependant le courageux officier arrive à Pont-Serran... il était sauvé ! Mais quoi ! Le pont jeté sur le gouffre des Orgères est abattu, il n'y a point d'autre chemin praticable et l'ennemi est à deux pas... *Mort pour mort* ! s'écrie le fier cavalier. D'un coup vigoureux d'éperon, il pousse son cheval. Le cheval mesure l'abîme et s'élance... il atteint des pieds de devant le bord opposé, puis roule avec son cavalier dans le gouffre. *Pont-Serran* aurait dû, depuis lors, changer de nom et s'appeler le *Pont du cavalier*.

Depuis cette catastrophe deux ponts ont été jetés au même endroit, l'un qui dura à peu près 75 ans c'est-à-dire de 1796 à 1872, l'autre qui date de 1874. Ce dernier est plus haut que les autres de quelques mètres.

La victoire du 24 avril 94 ne mit pas La Thuile entière sous l'empire des français. La partie dite d'*Outrefaso* ne dut être prise que le 18 juin 1794. Les Piémontais, de concert avec leurs camarades du Col du Mont, avaient tenté de reconquérir les postes perdus le 24 avril. Tout d'abord leur attaque fut heureuse, mais elle aboutit finalement à de nouvelles pertes.

Voici en effet, sous la date du 18 juin 1794, deux lettres écrites par le général Bagdelonne au général Dours à Chambéry : « Je te fais part, mon cher camarade, qu'après avoir été chassés ce matin de nos avant-postes, nous avons, après le combat le plus opiniâtre, bien battu nos ennemis et chassé au-delà de La-Thuile. » Le même jour, il écrivait au citoyen Favre Buisson, accusateur public : « *Après avoir été frottés ce matin*, nous avons chassé et rossé nos ennemis d'importance. Il y a beaucoup de morts et de blessés de part et d'autre. Le colonel marquis de Chamousset tué, un adjudant pris et blessé, plusieurs majors de cavalerie et d'infanterie, capitaines, officiers et soldats prisonniers. J'aurais le plaisir de vous faire passer cette clique à Chambéry au plus tôt. Fais en part à Annecy. De la vie je n'ai passé une aussi mauvaise journée, mais je serai récompensé. »

A partir de cette rencontre fâcheuse, le gros de nos troupes se fixa à Pierre-Taillée, position redoutable que les Français respectèrent longtemps. Quant à la prise du Petit-St-Bernard, elle produisit dans notre vallée une terreur générale parmi les partisans de l'ancien régime. Voici en effet ce que nous lisons dans un manuscrit écrit probablement en 1802, et dont nous devons la connaissance à M. le chanoine A. Marguerettaz, l'érudit auteur des *Mémoires* sur les Hospices de la Vallée d'Aoste.

« La nouvelle de la prise du Petit-Saint-Bernard, y est-il dit, répandit tellement la terreur dans la ville et dans la province, qu'une grande partie du clergé soit de la haute val d'Aoste, soit de la ville s'évadèrent les uns hors de la province, et les autres se cachèrent dans les montagnes. Les Religieux et Religieuses passèrent en Piémont, et abandonnèrent leurs effets. Le magasin du Roi pour les troupes fut vendu à vil prix par les soldats mêmes, et la ville fut dans une telle consternation qu'un grand nombre de familles en sortirent pour se cacher dans les paroisses les plus éloignées, et les riches enfoncèrent dans la terre leur or. »

Parmi les religieuses que la panique fit s'envoler, mentionnons celles de Lorraine qui, au nombre de 22 à peu près, se réfugièrent en Piémont, laissant leur monastère sous la garde de quelques servantes. A peine parties, une bande de malfaiteurs envahit la maison, emporta les denrées, les meubles et quinze vaches. Les bonnes sœurs ne se hasardèrent à revenir que le 8 octobre de l'année 1795.

On se figure difficilement la vie agitée de nos pères à cette époque. Ils virent tour à tour passer des caravanes d'émigrés savoyards et français, nobles la plupart, des troupes de religieux et de prêtres qui avaient refusé le serment à la constitution civile du clergé, même des essaims timides de pauvres religieuses. Le prévôt de Verrès, Nicolas Bens, a noté dans ses mémoires, que les derniers jours de septembre 1792 et les premiers de novembre, il logea dans son couvent une cinquantaine d'ecclésiastiques tous de France, excepté quatre ou cinq ; que le cinq octobre 1792, arrivaient au couvent de Verrès l'archevêque de Vienne en Dauphiné avec son grand vicaire et les vicaires généraux de Lyon et de Saint-Claude. Durant le même mois, le couvent donna asile, successivement, bien entendu, à 300 prêtres français (1). En 1795, les religieuses Chartreusines de Mélan arrivaient à Aoste et se réfugièrent dans le cou-

(1) Voir le Clergé d'Aoste du XVIII siècle par l'abbé P. E. Duc, pag. 22.

vent de Sainte Catherine, où elles établirent une école de filage. Voilà quelques faits, entre mille, qui donnent une idée de ce temps.

CHAPITRE Vme

Le père de Massimo d'Azeglio à La-Thuile. — Il est pris au lieu dit: Les *Eaux-rousses* — A quelle époque peut-on placer ce combat? — Bravoure d'un jeune tambour. — Dévoûment d'un pauvre paysan de la vallée de Lanzo — Souffrances du lieutenant-colonel César d'Azeglio et des autres prisonniers.

Massimo d'Azeglio, écrivain et homme d'Etat qui honore l'Italie, a rapporté dans ses *Ricordi* un trait qui mérite d'être connu. Quoique le célèbre auteur ne lui fixe aucune date ni de mois, ni d'année, nous croyons ne pas nous tromper en le plaçant en l'année 1794, sur la fin d'avril.

César d'Azeglio, en qualité de lieutenant-colonel, commandait le régiment de Verceil qui occupait, entre La Thuile et l'Hospice, le lieu dit : Les *Eaux-Rousses*. Le Traverset venait d'être pris et les français ayant le pas libre s'avançaient sur le territoire dont il était le maître. Mais ce jour là, dit *Massimo d'Azeglio*, fut pour les nôtres une journée malheureuse;

et le régiment que commandait mon père taillé en pièces, dispersé, anéanti. Le brave colonel, quoique seul, ne pensa pas à s'enfuir, et entouré de toutes parts, il fut pris, maltraité, dépouillé de toute chose de valeur, *come s'usava altre volte più assai che non ora, grazie a Dio*, ajoute l'illustre écrivain.

Au moment de tomber aux mains de l'ennemi, l'idée lui vient de regarder en arrière, si par hasard quelqu'un des siens vivait encore. Lui-même raconta à son fils l'anecdote suivant:

« Je me retournai et je ne vis personne, excepté un *tamburino*, garcon de quatorze ans. Je lui dis avec un geste d'impatience, pensant qu'autant valait qu'il ne se laissât pas prendre : — Eh! que fais-tu là ? — L'enfant répondit : du temps que mon colonel est ici, je reste. »

Pareil acte est beau sans doute, mais le brave garçon ne se serait pas imaginé que son colonel, aux jours de sa vieillesse, aurait regretté de n'avoir aucune nouvelle sur son sort, et qu'un premier ministre d'Etat, c'est-à-dire Massimo d'Azeglio, aurait désiré savoir son nom. Telle est pourtant la force d'une noble action !

Le colonel César d'Azeglio eut le bonheur d'être l'objet d'un autre acte de dévouement tout aussi louable. Certain Jean Drovetti, jeune montagnard du val de Lanzo, dégrossi avec la hache, selon le mot des *Ricordi*, s'était engagé au service de la maison d'Azeglio. Comme il était très-robuste, il fut conduit au camp en qualité de serviteur. Jamais il ne perdait d'œil son maître, et dans ce moment critique, le colonel le trouva, comme d'habitude à ses talons. A celui-ci encore il dit : « Va-t-en ! ne te *laisse pas prendre !* » mais le montagnard le regarda en face avec des yeux si ébahis, que le colonel, sans ajouter mot, accepta le sacrifice de son fidèle serviteur. Le regard que ces deux hommes se jetèrent en ce moment les lia l'un à l'autre pour toujours.

Conduits tous deux derrière la ligne de bataille, le colonel fut pris pour un émigré et entouré de plusieurs soldats qui clabaudaient et lui disaient des vilenies, en agitant le sabre sur sa tête : « B. d'émigré ! criaient-ils. — Non, je ne suis pas un émigré, répondait avec calme l'officier italien. Finalement parut un officier français qui intervint et mit un terme à cette scène indigne.

De La Thuile par Moûtiers et Vienne, le colonel César d'Azeglio fut conduit à Montbrison, puis à Feurs dans le Forez. Grand nombre d'autres prisonniers piémontais furent aussi, comme nous l'avons vu déjà, par les lettres du général Bagdelonne, emmenés dans l'intérieur de la France. Robespierre et les Terroristes, pour n'avoir pas la peine de les caser et de les nourrir, avaient donné l'ordre de les fusiller tous. Mais les sentiments d'humanité n'étaient pas éteints dans l'héroïque armée françaises, et ces ordres demeurèrent lettre-morte.

Voici maintenant quel était en général le sort des prisonniers. Pour se maintenir ils recevaient dix sous par jour en *assignats*, et comme les assignats n'étaient reçus qu'avec la réduction du 80 pour cent, les prisonniers n'avaient en réalité que deux sous par jour. On conçoit fort bien que la vie était impossible avec une telle pension, aussi la plupart de nos prisonniers mendiaient. A l'honneur de la France, il faut avouer, que les personnes généreuses ne manquaient pas et que *le beau sexe* surtout s'honora par la délicatesse de sa charité. Un exemple seul nous en convaincra.

Le serviteur du colonel César d'Azeglio, c'est-à-dire Jean Drovetti mendiait pour lui et pour son maître. Or, afin de lui épargner la honte d'une aumône publique, de pieuses dames l'attendaient à certaines heures de la nuit, et lui donnaient du pain, des œufs, du beurre. Il y eut même une *simple paysanne* qui voulut avancer au colonel six cent francs, sans aucune assurance de rembours.

Les *Ricordi* de *Massimo d'Azeglio*, à la page 30, rapportent un épisode de cette vie de mendiant. Un jour son père, avec le fidèle Drovetti, fut conduit dans une grosse barque sur le Rhône, et mêlé aux chevaux et aux mulets qui se trouvaient *a prora*. La faim les contraignit à demander l'aumône aux autres passagers. Ceux-ci leur jetèrent des oignons qui tombèrent sur les ordures des mulets ; après les avoir lavés dans le fleuve, nos pauvres piémontais en firent leur repas.

Les misères et les avanies souffertes par nos prisonniers, formeraient une des plus tristes pages de cette histoire, si elles étaient connues. On peut toutefois se les imaginer par les souffrances du colonel César d'Azeglio. Encore ce dernier vit-il ses tribulations abrégées. L'ambassadeur de notre Roi en Suisse fit, sur la fin de l'année 1795, des démarches en sa faveur et obtint sa délivrance, mais comme on y mettait pour condition de ne *plus servir contre la république jusqu'à échange réciproque*, le brave colonel jura que jamais il ne s'engagerait à ne plus combattre pour son pays. Pour six mois il continua à supporter son exil. Arriva enfin l'armistice de Cherasco (21 avril 1796) et la triste paix du 15 mai ; alors le colonel et avec lui beaucoup d'autres reçurent la permission de rentrer dans leurs foyers. Les hommes qui gouvernaient la France à cette époque rendirent témoignage à la noble conduite du colonel d'Azeglio et rappelèrent dans la lettre de délivrance : « la louable délicatesse du citoyen d'Azeglio en refusant la liberté sous la condition de ne plus porter les armes contre les ennemis de son souverain ».

Nos prisonniers de guerre ne souffrirent pas seulement dans leur corps et dans leur dignité; comme pour la plupart ils étaient des hommes religieux et que leur piété était accrue par le malheur et l'exil ils eurent beaucoup à souffrir dans leur âme. ,Chacun sait jusqu'à quel point, à cette époque, les hommes qui dominaient la France étaient hostiles aux idées religieuses et à tout culte extérieur. Nos compatriotes ne pouvaient donc satisfaire leur foi qu'à la dérobée. De temps à autre on les avertissait qu'en tel lieu, à telle heure de la nuit, on aurait dans quelque recoin ignoré célébré une messe. Par les neiges, par les glaces, au milieu des ténèbres et des dangers (car il y allait de la vie si on venait à être découvert, grâce à la liberté de conscience d'alors), nos soldats s'y rendaient comme dans les premiers siècles de l'église faisaient les nouveaux chrétiens. — Le colonel César d'Azeglio, selon que l'atteste son illustre fils, n'y manquait pas (1).

---

(1) Voir *I miei Ricordi di Massimo d'Azeglio* — un volume — undicesima edizione. — Firenze. G. Barbera, editore — 1883.

CHAPITRE VIme

I.

La Thuile envahie — Un fait tragi-comique — Nuit d'angoisses — Quelques mots sur La-Thuile.

Les français trouvant la route d'Italie coupée à Pont-Serran, se pratiquent un sentier du côté opposé et se répandent dans le centre de La-Thuile. Ce petit pays, devenu terre de conquête, subit le plus triste sort. Les maisons principales furent pillées, beaucoup de jeunes vierges devinrent l'objet des outrages d'une soldatesque licencieuse, et des incendies fréquents eurent lieu dans les villages qni étaient au pouvoir des Terroristes.

Les souffrances des Thuilains furent si excessives, qu'en ce jour encore, rien ne les effraie autant que la menace d'une invasion de troupes françaises. Qu'on me permette ici le récit d'un badinage qui faillit devenir tragique.

C'était au mois de février, vers la fin du Carnaval de l'an 1869 ; les habitants de La-Thuile ensevelis sous des monceaux de neige, dormaient paisiblement. Pendant ce temps quatre hommes se trouvaient réunis dans l'hospice du Petit-St-Bernard et causaient gaîment au coin d'un bon feu. Après s'être entretenus de diverses choses, l'un d'entre eux poussa une exclamation à demi-étouffée. Une pensée étrange avait traversé son esprit, soudain ses yeux s'étaient illuminés et sa bouche à demi souriante annonçait un projet singulier. *Donnons*, dit-il, *donnons aux Thuilains le spectacle d'un passage nocturne de troupes françaises par nos montagnes. — Ce sera le couronnement du Carnaval.*

A cette idée, toutes les imaginations prennent feu.... En quelques minutes les plans à suivre sont arrêtés, les lieux par où il devra s'effectuer, et les personnes qui devront y prendre part. Le lendemain, mardi de Carnaval soit *mardi gras*, un homme qui descendait du Petit-St-Bernard à La-Thuile, est chargé de sonner l'alarme. Fidèle à sa mission, il répète à tous ceux qu'il rencontre ces paroles : *De l'autre côté, tout bouge de Français.... cette nuit, vous les verrez passer....*

Au bout de quelques heures, la nouvelle est répandue dans la petite vallée.... déjà, on assure que les troupes françaises sont au Petit-St-Bernard et vont descendre au commencement de la nuit.... on nomme les bataillons... on évalue jusqu'au nombre des soldats. La frayeur est générale.... les jeunes montagnards qui s'étaient réunis pour danser se dispersent.

Sur ces entrefaites, la nuit arrive. Quelle nuit d'angoisses ! Tous ces braves villageois, hommes, femmes, enfants sont placés en sentinelle aux portes et aux fenêtres de leurs maisons ; les yeux fixés sur la route du Petit-St-Bernare, l'oreille tendue, ils osent à peine respirer. Tout-à-coup un cri d'épouvante circule de hameaux en hameaux : *Les Français sont là ! Les Français sont là !* En effet, sur la tête du *Tsargioï*, large promontoire qui domine La-Thuile, on voit des feux qui se succèdent, tour à tour s'élèvent, descencent dans le vallon semblables à une procession aux flambeaux.

Il n'y a plus de doute.... la guerre est dans le pays.... les autorités s'émeuvent et, loin de calmer la frayeur publique par une attitude calme, l'augmentent encore. Plusieurs propriétaires de la *Golette* déménagent, on rapporte qu'un père de famille mit sa progéniture dans une botte et la transporta au milieu des bois ; qu'un homme enferma sa femme dans une arche et qu'un autre voulut se faire murer dans sa cave.

Au milieu de cette exaspération générale, quelqu'un qui était initié au mystère, s'efforça de calmer les esprits en assurant que ces terribles feux n'étaient que des feux de joie. Efforts inutiles ! *Ce sont les Français ! Ce sont les Français !*

A dix heures de la nuit, les douaniers font aux villageois assemblés une proposition qui est agréée de tous. Nous irons, dirent-ils, au devant de l'ennemi.... Si dans une heure à peu près, vous entendez un coup de pistolet, ce sera le signal que les troupes s'avancent, sauvez-vous !... Si vous n'entendez rien, soyez tranquilles.

Les intrépides explorateurs partent aussitôt, fendant la neige, chargés de leurs armes. Un quart d'heure, une demi-heure s'écoulent..... Tous avaient l'oreille tendue et la poitrine haletante... Hélas ! un coup de feu se fait entendre dans la direction du Petit-St-Bernard.

Un douanier embarrassé au milieu des neiges était tombé, et dans sa chute le fusil avait fait explosion. Quel coup de foudre pour les Thuilains ! Tout espoir est désormais évanoui.

Cependant les douaniers reviennent de leur expédition, ils expliquent le coup fatal et assurent que la montagne est parfaitement tranquille. A minuit, les terribles feux avaient disparu. Si à cette heure, quelqu'un avait été sur la tête du *Tsargioï*, il aurait vu quelques hommes se retirer à pas lents, et il aurait entendu le chef de cette pacifique bande dire en souriant : *Nous avons failli geler en promenant nos torches en-*

flammées sur cette hauteur, et peut-être qu'à La Thuile, aucun ne nous a aperçus, sinon le gros chien de Pont-Serran.

En parlant ainsi, lui et les siens s'acheminaient, les uns vers l'hospice du Petit-St-Bernard, les autres vers la Cantine, sans se douter de l'épouvante que leurs feux avaient répandue.

Quelques hommes ensevelis pendant d'interminables hivers, sous les neiges des Alpes avaient voulu secouer un instant l'ennui qui pesait sur eux, ils avaient pensé divertir leurs voisins de La Thuile et rehausser l'éclat de la dernière nuit carnavalesque en promenant quelques torches de paille enflammée sur la tête du *Tsargioï*. Voilà tout le secret !!

Ce fait tragi-comique prouve du moins une chose, c'est que les Thuilains de l'an 94, durent souffrir beaucoup de l'invasion française, puisque leurs fils, un siècle plus tard, subissent encore les mêmes tremblements qu'eux.

Mais revenons à la guerre des Piémontais contre les Français. Le champ de bataille est, dorénavant, complètement changé.

Quelques uns de nos bataillons sont campés au Nord-Est de La-Thuile, sur le mont du Parc et à l'endroit où restent les vestiges du camp *prince-Thomas*. Cette position, quoique moins avantageuse que le Traversel, était cependant redoutable.

Aussi nous verrons que les braves Piémontais réussirent à s'y maintenir pendant deux années, et retardèrent pour leur part l'envahissement complet de la patrie.

Les Français étaient campés en face d'eux au couchant. Maîtres des principaux villages de La-Thuile, La-Golette, Entrèves, Pont-Serran, ils s'étendaient sur les monts qui les dominent. S'ils risquaient moins d'être écrasés qu'aux environs du Traversel, ils pouvaient moins facilement porter à l'ennemi des coups décisifs. Les luttes à armes blanches étaient presque impossibles et les assauts où les Français triomphent, extrêmement difficiles. Avant d'entrer plus avant, dans le détail des combats qui eurent lieu sur ce nouveau théâtre, il convient de donner une courte description de la vallée de la Thuile et de faire un récit impartial des horreurs qui signalèrent la domination des soldats de la terreur sur ce charmant pays.

Les Communards de tout genre pourront tressaillir en reconnaissant leurs ainés.

La-Thuile est la première commune que le voyageur rencontre sur le versant italien en descendant le col du Petit-St-Bernard, et la dernière qu'on trouve en passant du beau Val d'Aoste en France par ce col. Elle forme à elle seule une petite vallée et son chef-lieu est placé à une élévation de 1,490 mètres au-dessus du niveau de la mer. On peut entrer dans ce charmant petit pays, par deux portes différentes, dont l'une est au Nord et l'autre au couchant.

Celle du Nord est étroite et sombre, c'est la porte d'Italie. Quand on est arrivé à Saint-Didier, au lieu de se diriger vers le Mont-Blanc qui est en face, on se tourne au midi, on monte pendant une demi-heure environ, puis on entre dans un tunnel long de quelques centaines de pas, et de là on s'enfonce dans une gorge étroite où les bons habitants de la Balme et d'Eleiva trouvent leur paradis terrestre. A vingt minutes de la Balme, au midi, la gorge se rétrécit tellement que les deux montagnes semblent se toucher : c'est là qu'était le Pont Taillaud, récemment détruit.

A peine aurez-vous atteint ce point d'extrême rétrécissement, qu'un gracieux bassin paraîtra comme par enchantement devant vos yeux ; au milieu de la verdure vous verrez çà et là des groupes de maisons blanches qui pourraient figurer dans une ville, autour des hameaux, les sapins et les mélèzes se ranger en couronne et former une ligne noire entre le vert gazon et les glaces du Rhutor qui se confondent avec le ciel azuré. C'est La-Thuile.

4

Visiter La-Thuile par le chemin de Pré-St-Didier, c'est se procurer une surprise délicieuse au prix de quelques heures sombres.

On peut aussi la visiter en venant du côté de France ; dans ce cas, on longe la Tarentaise, on laisse derrière soi la ville de Moûtiers, le charmant bourg de St-Maurice, Séez, et une fois arrivé au Petit-St-Bernard on descend le versant italien durant l'espace de deux heures environ, et l'on arrive à La-Thuile.

Je m'étonne que ce charmant village soit si peu connu des touristes. Il offre des avantages que ni Cogne, ni Valtournanche, ni Gressoney ne peuvent offrir aux voyageurs. Son climat est plus doux, son air pur n'altère pas le frais visage des grandes dames et ne donne pas ce teint brûlé qu'on apporte d'habitude des autres montagnes.

On peut arriver à La-Thuile par une route large, propre et qui ne cède en rien à la route nationale de la plaine ; depuis dix ans, les voitures traversent le Petit-St-Bernard presque aussi aisément que les champs de l'Italie.

La Thuile a, par dessus tout, le grand avantage de toucher à deux stations de bains qui sont appelées à un superbe avenir. Elle est à peu de distance de *Courmayeur* où coulent des eaux si bienfaisantes sur une terre qui est un coin du paradis, et elle touche à Pré-

St-Didier dont les eaux thermales seront chaque jour mieux appréciées.

Les touristes font grand cas de séjourner au milieu d'un peuple gentil et propre ; sous ce rapport les Thuilains laissent fort peu à désirer. Ils sont en général, prévenants et ils accueillent l'étranger avec une noblesse de formes et une bonté de cœur bien marquée.

Les promenades agréables et les excursions aventureuses s'offrent aussi en abondance dans cette petite vallée. *Le camp du prince Thomas, le Petit-St-Bernard, le lac du Rhutor, le fameux glacier de même nom, le mont Favre, St-Didier, Courmayeur, le Grammont* seraient autant de points où les étrangers passeraient tour à tour des journées d'audacieuses aventures.

Il me semble que dans un avenir prochain La-Thuile, Courmayeur et Pré-St-Didier doivent devenir un centre de réunion pour une masse d'étrangers. St-Didier, à raison de son air doux et de ses eaux thermales, aura les étrangers qui cherchent la santé ; Courmayeur aura les amateurs de la belle nature, les adorateurs passionnés des sommets sourcilleux, et dans ce nombre, quelques jeunes languissants en voie de santé et de gaîté ; La-Thuile aura les touristes purs, les jeunes gens aventureux et robustes qui tour à tour exploreront l'immense glacier du Rhutor ; les glaciers qui entourent le Mont-Blanc, les magnifiques vallées de la Tarentaise au couchant et au midi du Petit-St-Bernard.

CHAPITRE VIIme

L'arbre de la liberté surmonté du bonnet rouge — Incendie des vieux manuscrits qui existaient à la maison communale de La-Thuile. — Forêts réduites en cendres — Souffrances des Thuilains.

En suite de la prise du Traverset qui eut lieu le 24 avril 1794, la charmante vallée de La-Thuile était donc au pouvoir des révolutionnaires de France. Personne ne peut dire quelles furent alors les souffrances de ses pauvres habitants. Chaque jour leur amenait une nouvelle douleur accompagnée d'ironiques bravades. Quelques vieillards ont conservé le souvenir des évènements les plus néfastes, et ils rappellent entr'autres : *la plantation de l'arbre de la liberté*, *l'incendie de vieux manuscrits*, *d'immenses forêts*, mais surtout *la profanation des lieux saints*.

On était dans la première quinzaine du mois de mai 1794, quelques jours après la défaite des armées piémontaises. Le ciel de La-Thuile était extraordinairement pur, l'étoile du berger scintillait encore à l'horizon et semblait quitter avec regret ces belles montagnes.

Cependant le soleil montait, et rougissant de ses feux les glaces du Rhutor, s'annonçait dans toute sa splendeur. Une fraiche brise, messagère accoutumée de l'astre du jour, effleurait la montagne et caressait les violettes qui se balançaient à son souffle léger. Tout paraîssait convier les Thuilains à la joie, et la joie n'était pas dans leurs cœurs.

C'est qu'un spectacle insolite leur était annoncé pour ce jour ; celui *de la plantation du fameux arbre de la liberté*.

A neuf heures du matin, trente à quarante soldats français, le bonnet rouge en tête, sortent du village de la *Gollette*, les uns armés de haches, les autres portant des cordes. Tout en se dirigeant vers le centre du grand bois, ils poussent des cris sauvages entremêlés de quelques couplets sanguinaires.

Bientôt de violents coups de hache, se font entendre au cœur de la forêt, et pendant une heure entière les échos d'alentour en retentissent. Puis les coups cessent et font place à de frénétiques *hourras* ; l'arbre géant est abattu.

Une trentaine de soldats placent sur leurs épaules l'arbre fameux, d'autres entonnent tour à tour des airs guerriers et bachiques ; les camarades demeurés au camp répondent par quelques détonations. Enfin la troupe se dégage du milieu des bois, *l'arbre de la liberté* paraît, de nouveaux *hourras* et de nouveaux battements de mains retentissent plus fiévreux et plus fréquents.

Les Piémontais campés sur le bord opposé essayèrent-ils de troubler par quelques coups de canon, la marche des vainqueurs, ou furent-ils spectateurs tranquilles de leur triomphe ? On n'en sait rien. Ce qui est hors de doute, c'est que *l'arbre de la liberté* fut planté au chef-lieu de La-Thuile, qu'on nomme la *Ville*. On le surmonta du *bonnet rouge*. Les vieillards rapportent qu'ordre fut donné à tout passant de se découvrir à sa vue.

On n'ignore pas toutefois que de pareils ordres furent peu respectés tant à La-Thuile que dans le reste de notre petit pays. A La Thuile plusieurs regardaient *l'arbre de la liberté* comme une borne et agissaient en conséquence ; ailleurs on se plaisait à placarder de singuliers écriteaux sous le bonnet phrygien. Nous tenons par exemple de quelques vieillards de Saint-Pierre le fait suivant. En 1796 on avait dans cette commune élevé l'indispensable arbre de la liberté. Pour qu'il n'y fut pas l'objet de certains mépris qu'on lui avait prodigués ailleurs, on crut bon de le munir d'un factionnaire. Cependant, malgré les factionnaires, l'arbre se trouva un beau jour surmonté de l'inscription suivante :

Arbre de misère
Bonnet de galère
Symbole de brigands
Tu ne dureras pas longtemps.

Cette injure fut vivement sentie par les quelques jacobins de la localiré et trois d'entre eux qu'on nous a indiqués sous les noms d'*Arnod*, de *Teppé*, de *Tzapuignon* (probablement diminutif de Chapuis) allèrent en demander compte au factionnaire Cériano Joseph, dit *lo Bourgno*, natif de la Valsesia et établi à Saint-Pierre depuis 1785.

Nos voisins de la Suisse eurent des réponses magnifiques au sujet de *l'arbre de la liberté* qu'on plantait aussi chez eux, à pareille époque. Les braves paysans d'Uri, par exemple, à ceux qui leur en parlaient, répliquèrent : « *Chez nous tous les arbres deviennent l'embléme de la liberté.* » (En Suisse le sapin sert d'arbre de liberté).

Le républicain Joseph Leu disait : « Nous n'avons pas besoin de ces sapins sans racines, surmontés d'un bonnet rouge sans tête. Pour nous, le premier, le seul arbre de la Liberté, *c'est la croix*. Nous en trouvons à chaque carrefour de nos chemins ». (V. Histoire du Sonderbund par Crétineau Joly — vol. 1er page 53).

L'arbre de la liberté planté par les Terroristes au centre de La-Thuile, donna des fruits amers ; le bonnet rouge qui le surmontait, symbole de sang et de ruines, fit couler du sang et accumula des ruines.

Le premier exploit des envahisseurs de ce petit pays, fut l'incendie des parchemins et des manuscrits précieux qui existaient à la maison communale de La-Thuile. Que leur avaient fait ces vieux papiers où nos bons pères avaient laissé peut-être d'utiles leçons et de chers souvenirs ?

Il fallait cependant aux nouveaux Vandales un incendie plus long et plus grandiose. Le bassin de La Thuile était couronné de bois touffus qui le protègeaient contre les vents, les avalanches, et faisaient sa principale richesse. Ces bois lui donnaient en outre un air enchanteus ; La-Thuile formait une oasis verdoyante qui, au lieu d'être entourée de sapins arides, l'était de magnifiques mélèzes et de sapins majestueux. Au milieu de ces forêts, les montagnards faisaient ordinairement des chasses abondantes.

On raconte qu'un ancien curé de La-Thuile,

nommé Gal, allait chaque matin à la chasse et revenait presque tous les jours vers midi, apportant son dîner sur l'épaule.

Or, ces bois touffus devinrent en 1794, la proie des flammes, le bassin de La Thuile fut littéralement cerné par le feu. Chose singulière! Les fils de Satan ont une prédileciion étrange pour cet élément. A partir de Néron qui brûlait Rome et jouait sur la lyre aux heures de cet effroyable incendie, jusqu'aux communards de Paris qui arrosaient naguère de pétrole cette fameuse cité, on les voit tous jouir d'un bonheur indicible en contemplant les flammes monter et dévorer tout.

Qu'un incendie est beau lorsque la nuit est noire !
Erostrate lui-même eût envié ma gloire.
D'un peuple à mes plaisirs qu'importent les douleurs ?
Il fuit : de toutes parts le brasier l'environne....
Otez de mon front la couronne,
Le feu qui brûle Rome en flétrirait les fleurs.

Tels sont les sauvages sentiments que Victor Hugo prête à Néron, et tels sont ceux de nos incendiaires modernes.

Après la destruction des choses inanimées, vint naturellement celle des choses animées. Tout ce qu'il y avait à La Thuile en fait de bestiaux fut sacrifié et disparut au bout de quelques jours.

Tant de souffrances réunies ne manquèrent pas de produire sur nos montagnards les plus douloureuses impressions. Depuis la peste de l'an 1630 qui dépeupla la belle vallée d'Aoste, et depuis l'invasion de l'an 1691, les Thuilains n'avaient plus souffert comme en 1794, sous la domination des Terroristes français. A La-Thuile d'ordinaire, la moyenne des décès est de vingt à vingt-cinq par an. En 1793 et 94 ils se multiplièrent dans une proportion effrayante. Près de deux cents Thuilains moururent dans le cours de ces deux années, de sorte qu'en deux ans La-Thuile perdit plus d'hommes, qu' elle n'en perd ordinairement en neuf.

La population ne s'est pas relevée depuis lors. Avant la guerre de 93, elle s'élevait à mille habitants, en ce jour elle n'est plus que de 750. Un siècle n'a pas suffi pour combler le vide, et un nouveau siècle n'y suffira pas. Ce que le fer et le feu ne détruisent plus, les odeurs de Paris l'étouffent.

CHAPITRE VIIIme

Fuite de MM. Perrier et Joseph Cento — Retour de ce dernier et sa vie au milieu des Thuilains opprimés — Le vieillard aveugle et les petits ramoneurs — Combat de nouveau genre.

Une chose restait aux malheureux Thuilains, plus grande que leurs forêts, et plus chère que leurs foyers. C'était leur religion. Il leur restait une église entourée du champ où reposaient les cendres de leurs morts. L'Eglise !

C'est une île de paix sur l'Océan du monde,
Un phare d'immortalité,
Par la mort et par Dieu seulement habité ;
On entend de plus loin le flot du temps qui gronde
Sur ce seuil de l'Eternité !

Ainsi parlait Lamartine, ainsi sentaient les Thuilains de l'an 94. Dépouillés de tout, blessés dans leurs intérêts les plus chers, privés de l'inappréciable paix de leurs montagnes, il ne leur restait plus que la maison de prière, *cette île de paix sur l'Océan du monde*. Hélas ! ce dernier refuge allait leur être enlevé.

Une fois l'arbre de la liberté planté, les forêts détruites, les principales maisons incendiées, tous les efforts des soldats français se tournèrent contre la petite église de La Thûile. Ici nous les verrons lutter avec moins d'avantage. Leurs foudres tombèrent d'abord, comme toujours, sur le prêtre.

La paroisse de La Thuile avait perdu deux bons pasteurs, dans l'espace d'une année. M. Duc, vieillard doux et vénérable, se laissa intimider par les premiers coups de canon qui retentirent au Petit-St-Bernard en 93, et cèda le terrain ; M. Perruchon, son successeur, périt à la brêche ; arrivé à La Thuile au commencement de l'an 93, il y mourut le 3 juillet, c'est-à-dire avant la fin de l'année. M. Périer le remplaçait, aidé de M. Joseph Cento, jeune prêtre intelligent et dévoué, quand les français, au mois d'avril 1794, firent irruption dans le bassin de La Thuile. L'un et l'autre ne trouvèrent de salut que dans la fuite.

D'après ce que j'ai pu recueillir de plus probable, La-Thuile resta sans prêtre depuis le 4 mai 1794 jusqu'au 12 juin de cette même année (1), sans culte public jusqu'à la fin de la guerre en 1796. Vers le 12 juin, nous voyons figurer de nouveau M. l'abbé Joseph

(1) Sous la date du 4 mai, on lit dans les archives de La-Thuile l'acte mortuaire suivant : « *Jacquemod Petrus Gaspardus* obiit absque sacramentis in Thuliâ a Gallis occupata, ecclesiam persequentibus ac proinde pastoribus destituta, die quarta mai . . . .

Cento dans une sépulture et quelques jours après porter les secours de son ministère à divers malades.

Une tradition populaire très-accréditée raconte ainsi son retour et sa vie au milieu de son troupeau opprimé. Par une nuit plus sombre que de coutume, et déguisé en laïque, le jeune prêtre aventureux traversa les forêts qui bordent le chemin du Pont Taillaud, gravit le mont du Parc et s'introduisit secrètement dans le village du Thovex. Les fidèles l'y reçurent avec une joie inexprimable. Le jeune abbé vêtu tantôt en paysan, tantôt en meunier allait de part et d'autre visitant les malades, les infirmes, encourageant les victimes de la guerre et apportant à tous, les secours de sa divine religion.

Le secret le plus inviolable fut gardé par les braves Thuilains sur sa vie et son séjour au milieu d'eux. Il ne sortait, pendant le jour, que dans les cas d'extrême nécessité. C'était ordinairement à la faveur des ténèbres de la nuit, qu'il faisait ses courses apostoliques. Il se nourrissait, à la table des fidèles du pain noir et des pommes de terre qu'ils avaient pu sauver du pillage et des incendies. Où célébrait-il les saints mystères ? Etait-ce dans une chapelle isolée ou dans un fénil ? On ne le sait pas.

Au village du Thovex, vers le Nord, se trouve une ouverture ronde pratiquée dans les flancs du mont du Parc. Il y a là une espèce de souterrain qu'on appelle le *grand trou.* On prétend que M. l'abbé Joseph Cento en fit souvent son habitation et son refuge, au moment du danger. Il est probable aussi que les paysans s'y refugièrent plus d'une fois, de plus qu'ils pratiquèrent eux-mêmes ce souterrain pour s'y cacher avec leurs provisions et leurs objets les plus précieux.

M. l'abbé Joseph Cento fut témoin de toutes les péripéties de cette guerre au sommet des Alpes. Il se trouvait à La Thuile en 92 lors de la démission de M. Duc curé, en 93 lors de l'arrivée de M. Perruchon, en 94 sous M. Périer, toujours en qualité de Vicaire. Ce jeune prêtre si digne et si dévoué le fut jusqu'au bout. Après avoir passé au pied du Rhutor une jeunesse pleine de périls et de belles actions, il voua ses cheveux blancs au salut d'un petit peuple perdu au milieu des neiges.

Les habitants de Rhêmes N. D. se rappellent encore avec attendrissement cet homme qui fut leur père et leur ange conducteur, ce vieillard haut de taille, noble de figure qui montait à l'autel et en chaire d'un pas ferme et mesuré, mais en tâtonnant de la main. M. Cento était alors aveugle, cependant il prêchait de magnifiques sermons, disait sa messe, confessait et formait de jeunes élèves qui l'honorent aujourd'hui.

Il allait aussi de maisons en maisons, et disait aux parents des petits ramoneurs : (beaucoup de petits ramoneurs du Piémont sont Rhémains) *Quand vos enfants seront de retour, envoyez-les moi. Je leur ferai un peu d'école et de catéchisme. Pauvres enfants !* ajoutait-il avec un profond soupir, *tout l'hiver sans instruction ! ! Envoyez-les moi pendant l'été, à l'heure que vous pourrez, à toute heure je serai à eux.* Puis quand il entendait frapper à sa porte, et qu'il distinguait le pas et la voix du petit ramoneur, il quittait tout, fût-il à l'étude ou au milieu de son repas. Mais reprenons le fil de notre histoire.

Que de douleurs, le fatal mois de mai 1794 apporta aux malheureux Thuilains ! Leurs grandes forêts étaient détruites, leurs campagnes dévastées, leurs maisons incendiées, leurs prêtres fugitifs. Il semblait impossible de leur causer plus de maux. Cependant les révolutionnaires de France surent trouver la place de nouvelles plaies. Il restait à les frapper dans leurs sentiments religieux et la foi de leurs pères. Ils n'y manquèrent pas.

On vit un jour, une troupe de soldats débraillés, ayant à leurs têtes quelques officiers, s'acheminer vers la petite église de La-Thuile en hurlant des couplets impies et libertins. Ils arrivent, la grande porte cède aux coups de pieds et aux violents coups de crosse qui pleuvent sur elle. La bande est dans le saint lieu.

Que viennent faire ces vainqueurs du Traverset dans la maison de prière, quel ennemi viennent-ils chercher ? Le *Christ.* Et chose singulière ! Un *Christ en bois* les vaincra.

Cependant le saccage de l'Eglise commence. Les statues des saints volent de part et d'autre laissant partout des débris épars, les images, les tableaux sont arrachés, mis en pièces, foulés aux pieds, les autels renversés, au milieu de battements de mains et d'éclats de rires frénétiques.

Mais, voici, sur ce fond noir, un cadre touchant. Pantaléon Paris, conseiller communal de La-Thuile en 1794, avait suivi la soldatesque effrénée jusqu'à l'entrée de l'Eglise, curieux de savoir ce qu'elle voulait y faire. Il entendit tour à tour, et le bruit des statues qui tombaient, et le fracas des autels qui s'écroulaient les uns après les autres, et les hurlements et les sifflements des soldats qui dominaient tout le reste.

Quand le vacarme fut à son comble, il vit sortir par une porte latérale quelques militaires, les yeux baissés, la face extrêmement rouge. Ils ne dirent mot, se cachèrent derrière les murs de l'église, se laissèrent tomber à terre et le visage dans leurs mains, versèrent de chaudes larmes.

Le montagnard s'approcha d'eux, et après quelques instants de silence, leur dit d'une voix émue : *Pourquoi pleurez-vous ainsi ? Hélas* ! répondirent-ils avec de profonds soupirs : *on nous a forcés de commettre ces horreurs ! ! !*

L'Eglise était à peu près complètement dévastée, l'horloge sonnait midi quand une nouvelle bande arriva. Parmi les nouveaux venus se trouvait le médecin des troupes françaises, homme d'âge moyen, impie jusqu'au cynisme. Son cœur se réjouit à la vue de ces ruines, de ces saints et saintes qui baisaient la poussière, de ces statues aux bras rompus. Mais voyant le *Grand-Crucifix* encore debout, suspendu à la voûte et appuyé sur une forte poutre, il se répandit en menaces et en affreux blasphêmes. Un nouvel assaut fut résolu.

Au même moment, deux jeunes montagnardes, *Louise* et *Lucie Martinet*, entrèrent furtivement dans l'Eglise. Elles virent la troupe des soldats se diriger vers la *Tribune*, y monter et faire feu tous ensemble sur le *Grand-Crucifix*.

Pas une balle ne l'atteint. Une seconde décharge mieux dirigée se fait entendre. Même insuccès. Une troisième... une quatrième... puis une cinquième se succèdent avec une espèce de rage... Vains efforts. Le *Grand-Crucifix* reste debout et toutes les balles vont se perdre à la voûte de l'Eglise.

Alors un soldat, rouge de dépit, grimpe de la *tribune* sur la corniche principale, avec l'agilité d'un singe, fait à droite le tour de l'Eglise, parvient à la poutre qui soutient le *Grand-Crucifix*, et là, levant son sabre, il dit à haute voix : *Voyons qui de nous d'eux descendra d'ici.* Louise et Lucie Martinet saisies d'horreur sortent aussitôt de l'Eglise.

La porte s'était à peine fermée sur elles, qu'elles entendent un grand coup accompagné d'un cri désespéré. Elles rentrent, le soldat n'était plus ni sur la poutre, ni sur la corniche, le *Grand-Crucifix* était toujours à sa place, et au milieu de l'Eglise une centaine de soldats faisaient cercle autour d'un homme qui râlait. Quelques militaires font signe aux deux montagnardes de sortir. Elles obéissent.

CHAPITRE IXme

Deuxième et troisième tentative contre le Grand-Crucifix — Toujours le bon Dieu têtu des Thuilains — Quatrième tentative — Efforts impuissants — Les restes d'un sacrilège.

Les révolutionnaires ne se tiennent pas pour battus. Les deux premiers assauts livrés au Grand-Crucifix viennent à peine de s'achever par la mort subite d'un homme, la victime est encore palpitante, que voici recommencer une troisième tentative. Un *citoyen camarade*, selon l'expression du médecin militaire, se présente à ses chefs et à ses compagnons d'armes jurant qu'il descendra lui seul le Grand-Crucifix.

Aussitôt on court chercher une échelle dont la hauteur atteigne le sommet de l'Eglise, on la dresse et on l'appuie fortement à la poutre qui soutient le Grand-Crucifix. Le citoyen camarade, armé d'un sabre, monte résolument. Arrivé au pied de l'image du Christ, il prend une position assurée, puis levant son sabre et répétant les paroles de celui qui l'avait précédé, il s'écrie : *Voyons maintenant lequel descendra de nous deux.* En prononçant ces mots et en mesurant son coup, il tombe à la renverse, ses cervelles se répandent sur la pierre et il expire sur le champ.

A la vue de cette mort tragique, ses compagnons d'armes se retirent, les uns consternés, les autres fous de colère. Le soir du même jour, tandisqu'ils faisaient la soupe dans la maison de *Jean-Philibert Chenal* ils s'entretinrent longuement sur ce fait. Chenal raconte que plusieurs d'eux proféraient d'horribles blasphêmes et disaient : *que les Thuilains avaient un bon Dieu bien méchant et bien têtu, qu'il tuait leurs camarades et ne se laissait pas descendre.* (Archives de La Thuile).

Le cadavre de ce sacrilège soldat fut d'abord enseveli en terre sainte la face contre terre, puis déterré vers la fin de l'an 1794, pour être placé en terre profane. En l'exhumant, le fossoyeur lui planta la pioche au dos et laissa échapper des paroles d'indignation contre ce profanateur. Il fut enfoui dans un pré d'Alexandre Jacquemod, appelé *Ceintre.*

La rage des révolutionnaires contre l'image du Christ avait été impuissante, trois assauts venaient d'échouer misérablement, deux soldats avaient payé de leur vie leur témérité ; néanmoins la lutte impie s'engagea de nouveau le lendemain.

Les soldats, s'étant ravisés, conçurent un autre plan d'attaque. Ils se munissent de cordes solides, au moyen de longues perches, les passent autour de la tête du Christ, puis dix ou douze d'entre eux tirent de toutes leurs forces. Longtemps ils s'essaient à ce nouveau jeu... ils se fatiguent, suent à grosses gouttes...Sueurs inutiles !... Le Christ tient bon. Ils se remplacent, appellent d'autres camarades... Le Christ en bois ne bouge pas.

Alors un des plus forcenés s'offre à monter par la corde. Il monte... monte... il va toucher au Christ, mais voici que la corde se casse. Cette corde qui avait soutenu le poids et les efforts réunis de douze soldats, se brise tout à coup sous le poids d'un seul homme, et l'homme est brisé. *O res miranda* ! s'écrie le bon M. Nico, en indiquant cette réflexion.

Cette tentative fut enfin la dernière, le Christ en bois resta vainqueur.

Le commandant des troupes françaises à la vue de ces fins tragiques, intervint. Il défendit rigoureusement à tous les militaires de toucher désormais au Grand-Crucifix.

Il disait un jour avec amertume à Pantaléon Paris, l'un des principaux montagnards de l'an 1794 : *J'ai défendu de nouvelles profanations, il n'y a plus rien à faire pour nous ici.* Dès lors les Français furent moins impitoyables, et au témoignage de Pantaléon Paris, la dévastation et la terreur diminuèrent sensiblement.

Pour transmettre aux générations futures le souvenir des faits qui précèdent et leur rappeler ce que M. Nicco nomme le *miracle du Crucifix,* André Jourdain, ancien évêque d'Aoste, fit placer sous l'image du Christ cette inscription latine qui est due à M. Nicco, curé de La-Thuile en 1840 :

Caeteris cunctis bello vastatis 1794 *a Gallis*
Hoec Christi imago mirabiliter intacta remansit.

L'an mil-huit-cent-quarante-un, c'est-à-dire quarante-sept ans après l'invasion de La-Thuile, il restait encore plusieurs témoins oculaires des faits qui eurent lieu pendant l'occupation française. J. O. Nicco, alors curé de cette paroisse, eut l'excellente idée de consulter ces témoins et de conserver par écrit leurs dépositions. Tout ce que nous racontons au sujet du *Grand-Crucifix* est tiré des manuscrits qu'il nous a laissés là dessus.

Voici, entre autres, une page assez curieuse et que je reproduis textuellement. On y trouvera l'aveu du médecin français lui-même :

L'an dix-huit-cent-quarante-un et le jour quatorze mars, le soussigné Jean Pierre fils de feu Nicolas Jacquemod, certifie et déclare être bien mémoratif que sa jeune épouse Me Claudine Collomb lui raconta plusieurs fois ce qui suit touchant le *Grand-Crucifix :*

Qu'un médecin des troupes françaises soignait feu Michel-Joseph Berguérand (dont elle était aussi garde-malade) et se rendait chez lui régulièrement à deux heures de l'après-midi ; un jour enfin qu'il manqua l'heure, elle demanda à M. le docteur pourquoi : il répondit : c'est qu'aujourd'hui nous avons eu autre emploi et il nous est arrivé un accident ; nous avons été nous amuser plusieurs ensemble pour descendre votre Crucifix et nous n'avons pas pu en venir à bout, quoique nous soyons montés plusieurs sur ce plancher (*la tribune*) pour lui tirer, mais nous n'avons pas pu l'atteindre. De là un de nos citoyens camarades a dit qu'il irait bien lui le descendre, nous dressâmes donc une échelle et celui-ci y monta avec son sabre pour l'abattre mais étant au sommet, il est tombé et resté mort sur la place. Vous avez, ajouta-t-il, un bon Dieu bien entêté dans ce pays-ci, nous n'avons pas pu le descendre. En foi de quoi pour être telle la vérité, il a signé après lecture avec les témoins.

Jean-Pierre Jacquemod. = Jean-Laurent Blanchet. = J. O. Nicco Curé.

Entre le récit du médecin et celui de Louise Martinet, il y a une variante. Louise Martinet dépose que le malheureux soldat qui paya si cher son impiété, parvint au Grand Crucifix par la corniche, tandis que le médecin l'y fait parvenir par le moyen d'une échelle.

Il ne faut pas oublier que trois soldats périrent en osant lever le bras contre le Grand-Crucifix. Le premier est celui qui de la *Tribune grimpa sur la Corniche principale de l'Eglise*, et dont la misérable fin est attestée par Louise et Lucie Martinet ; le second est celui *qui monta par le moyen d'une échelle*, et dont la mort est attestée par un très-grand nombre de témoins, entr'autres, le médecin des troupes françaises, Pantaléon Paris, Conseiller communal en 1794, le fossoyeur Philibert Chenal ; le troisième enfin est *celui qui monta par le moyen d'une corde*, et dont la déplorable fin est attestée par Claude Grangeon.

Il est probable que le médecin n'eut pas le courage d'avouer la mort foudroyante et successive des deux autres sacrilèges. Il ne parle que d'un seul ; pensant couvrir ainsi ce qu'il y avait de mystérieux dans ces évènements. Au reste, le mot de *bon Dieu bien entêté* indique plus d'un acte d'entêtement.

Qu'on me permette d'ajouter ce qu'on fit des restes de l'un des soldats sacrilèges. Je l'extrais encore *textuellement* des souvenirs laissés par M. Nicco :

L'an mil-huit-cent-trentre-trois et le jour trente juin, Jean Philibert de feu Pierre Chenal a déclaré en présence de témoins, qu'à susdite époque, c'est-à-dire l'année mil-sept-cent-nonante-quatre en mai ou juin, alors âgé d'environ quarante ans, il a par ordre de M. Cento, alors vicaire de cette paroisse, mort dernièrement archiprêtre des Rhêmes N. D.; environ un mois aprés déterré un homme qui devait être ce soldat français qui étant monté pour abattre le Grand-Crucifix, est tombé par terre à la renverse, et s'est écervelé sur la la pierre fermant le tombeau des prêtres ou sur le plancher, il l'a trouvé la face contre terre, selon que le lui avait dit François Amédée de feu Pantaléon Collomb qui ne vit plus, et qui l'avait jeté ainsi dans la fosse; il a ensuite transporté ce corps hors des limites du Cimetière, et ce sous les yeux du dit M. Cento.

Il me serait facile de multiplier les témoignages en faveur de la conservation merveilleuse du Grand-Crucifix de La-Thuile ; qu'il me suffise de dire qu'en 1833, quatorze témoins attestaient ces faits comme s'étant passés sous leurs yeux.

Observons en passant que l'impiété des français fit le plus grand tort à la cause de la véritable liberté, et cela non seulement dans notre petit pays, mais dans toute l'Europe et jusque dans les contrées soumises aux Turcs. Voici, en effet, ce que nous lisons dans *l'histoire des Français* par Téophile Lavallée, auteur favorable pourtant à la révolution. Parlant de la campagne de 1799 et de l'entrée des Russes en Italie, il dit (vol. 2, pag. 523) : « Suwaroz était arrivé sur le Mincio avec trente mille Russes. Ce barbare, fameux par ses victoires sur les Turcs, ce dompteur des Polonais, tout sanglant encore des massacres de Praga, s'annonçait comme destiné à délivrer l'Italie des athées. Son arrivée agita profondément cette contrée, déjà lasse de la domination *et surtout de l'impiété des français* ; des insurrections éclatèrent partout, dans le royaume de Naples, dans l'Etat Romain, dans le Piémont. »

A propos de la conquête de l'Egypte par Napoléon, le même historien dit : « En Egypte, comme dans les pays où les républicains avaient porté le drapeau tricolore, *l'athéisme des vainqueurs excitait la répugnance et l'inimitié des vaincus*; et lorsqu'un manifeste de la Porte-Ottomane appela les habitants à la guerre *contre les impies qui regardent le Koran, la Bible et l'Evangile comme des fables*, une insurrection terrible éclata au Caire, qui ne fut apaisée qu'après une bataille acharnée. » (V. histoire des Français vol. 1, pag. 538).

CHAPITRE Xme

Secours que reçoivent les piémontais. — Fin de l'année 1794 à La-Thuile — Travaux des deux armées — Le lac de Rhutor — Ses débordements — La célèbre procession du Rhutor — Arrivée de la Compagnie de Suse — Incendie d'un petit hameau et avantages des français, en 1795 — Année 1796.

Tandis que les français se battaient contre les statues des saints et les images du Christ, les piémontais se fortifiaient sur le mont du *Parc* et aux environs du camp Prince-Thomas. Au mois de novembre 1794, le roi de Piémont leur faisait parvenir de nouveaux secours et la compagnie de Verceil paraissait à La Thuile pour la première fois.

Du 18 juin 1794, jusqu'à la fin de cette même année, il ne reste de souvenirs d'aucun fait éclatant. Il est probable que les français, après l'élan passionné de leurs premiers triomphes, employèrent quelques mois à l'exploration des glaciers, des forêts et des montagnes au milieu desquels ils se trouvaient ; que les Piémontais de leur côté, furent longtemps occupés à la réparation des retranchements, dont il reste au levant de La-Thuile, des traces si nombreuses.

Ainsi fortifiées les troupes piémontaises repoussèrent les attaques des français pendant les derniers mois de l'an 1794. Durant cet intervalle, elles perdirent à la vérité quelques soldats, mais la force et le courage de ceux qui restaient n'en furent point ébranlés. Vers le mois de septembre 1794, un des leurs, nommé *Caffroz*, se précipita du mont du Parc et périt en suite de cette horrible chûte.

Les archives de La-Thuile rapportent aux derniers mois de l'an 94, la mort d'un nommé *Echarlot* qui périt, disent ces mêmes archives, *oppressione fluminis Rhutor*. Ces derniers mots semblent indiquer un débordement de cette rivière.

Le *fleuve* Rhutor est un torrent qui se précipite du glacier de même nom sur le versant de La-Thuile, et qui avant 1864 s'alimentait en partie au fameux lac de Rhutor, qui longtemps fut l'épouvante du Valdigne et même de la ville d'Aoste. On se souvient que quelques-uns de ses débordements, inondèrent la plaine de Saint-Didier, Morgex, La-Salle jusqu'au magnifique bassin de la cité.

Les Thuilains qui en furent toujours les premières victimes, finirent par établir des prières publiques afin d'apaiser la colère du ciel qui les frappait si souvent.

En 1606, ils bâtirent au Rhutor une chapelle (1) sous le vocable de Saint Grat et de Sainte Marguerite, et dès lors pendant deux siècles environ, les cinq paroisses de la Salle, de Derby, de Morgex, de Pré S. Didier et de La-Thuile s'y rendirent à peu près chaque année en procession. Ce devait être, sans exagération, un spectacle unique.

Pour qui ne connait pas la majesté imposante de nos Alpes, la fraîche beauté de nos paysages, le sauvage et noir caractère de nos abîmes, la blancheur immaculée de nos glaciers, le sévère aspect de nos forêts, tout cet ensemble, en un mot, de grandeurs et de beautés qui se succèdent, se croisent, parfois s'entrelacent, il est impossible de se créer une idée de la procession du Rhutor. — Si la photographie avait pu la saisir, et présenter ce lac, ce glacier doré par le soleil, ces roches nues et d'un effet grandiose, ces milliers de pèlerins groupés çà et là, cette petite chapelle, ces étendards aux couleurs variées, plus bas les forêts sombres au milieu desquelles s'engouffrent des cascades magnifiques, elle aurait présenté un tableau féérique, mais toujours à grande distance de la vérité.

(1) Cette chapelle a une origine fort curieuse ; le lecteur nous saura gré de la rapporter en détail dans une note qui termine la première partie de ce travail.

Essayons d'en offrir une pâle image. Si la plume parle moins à l'œil que le pinceau, elle a le grand avantage de parler mieux à l'esprit et au cœur.

Le jour choisi est d'ordinaire magnifique, car un pèlerinage par des lieux aussi abruptes l'exige. La paisible vallée de La Thuile est en mouvement dès les trois heures du matin ; femmes, enfants, vieillards, jeunes gens, hommes mûrs, sont groupés autour de l'église, les yeux fixés vers Pont Taillaud, épiant l'arrivée des pèlerins de la Salle, de Derby, de Morgex et de Pré S. Didier. Voici bientôt que des chants lointains mêlés au sourd murmure des eaux du Rhutor et à la voix argentine d'une clochette qui précède la procession, se font entendre ; puis des étendards, de grandes croix paraissent. Les cloches de La Thuile sonnent à la volée pour saluer les pèlerins du Valdigne ; les Thuilains, à leur tour, défilent ; chaque paroisse se range sous sa bannière, les chantres et le clergé s'unissent en un seul corps dont la voix s'échappe en des accents tristes et formidables.

Le soleil, précédé d'une fraîche brise, commence à poindre et à dorer les plus hauts sommets des Alpes. Cette heure, dans nos vallées solitaires et si riches de tableaux ravissants, a quelque chose d'indéfinissable. L'âme en est pénétrée d'une tristesse extra-terrestre. Qu'éprouve-t-elle?

Qui le dira ? car elle est comme atteinte d'immobilité, ces puissances se recueillent à l'instar de ces lampes réunies et brillant au fond d'un sanctuaire. Que dit-elle ? Rien. L'âme est alors muette ; elle a besoin de silence, de paix, elle suspend presque son souffle, de peur de troubler ces jouissances d'un monde qui semble lui apparaître.

Telles devaient être les impressions qui s'emparaient des pèlerins du Rhutor, lorsque tous réunis, sous les premiers feux du jour, ils s'engagaient dans le vert et silencieux vallon d'Arly. Leurs prières devenaient plus lentes et plus recueillies, leur marche plus légère, presque imperceptible, leurs chants plus graves. Une fois le vallon d'Arly traversé, la procession commençait insensiblement la partie difficile de son pèlerinage. D'abord elle rencontrait les petits chalets de la Joux (*la Dzau*), puis se faufilait au milieu des sapins et des mélèzes, en côtoyant le torrent du Rhutor, qui de minute en minute devient plus bruyant. Après une grimpée assez raide, un spectacle à part l'attendait : la chute d'une magnifique cascade. A une certaine distance déjà, on entend comme les sourdes rumeurs du tonnerre, puis on se trouve enveloppé d'une rosée fine qui, tour à tour, s'élève dans les airs en perles étincelantes, et s'abaisse ; finalement on est placé en face de la grande cascade qui, au nom du ciel, asperge et touristes et pèlerins.

Voir cette masse d'eau avec son auréole de vapeurs et de gouttelettes reflétant par mille jeux divers les quelques rayons de soleil qui réussissent à pénétrer le mystérieux paysage ; entendre les mugissements du torrent qui se débat entre les parois des rochers ; le suivre dans sa marche irritée, vertigineuse, allant par bonds et par recoudes brusques et retentissants, c'est un spectacle qui vous atterre à la fois et vous ravit.

Mais peu à peu on se dégage de cette gorge où l'on a été enclavé durant une heure et demie environ ; à mesure que l'on monte, la végétation prend un air de souffrance, les arbres deviennent rares et chétifs. Et c'est justice. Car que feraient les grands arbres au sommet de nos montagnes, là où l'homme est si avide de grand air, de libre espace, et d'horizon immense ? S'ils avaient la maladresse de s'y planter, le touriste indigné les abattrait. Plus libres de part et d'autre, on arrive au chalet de *Glacier* d'où l'on atteint bientôt le lac et la petite chapelle du Rhutor.

C'est là que les pèlerins du Valdigne respiraient et plantaient pour quelques heures leur tente. Aces hauteurs, à quelques mètres de l'incomparable glacier du Rhutor, en face du

Mont-Blanc, des grandes Jorasses, avec une couronne de pics qui semblent pulluler à l'horizon, un prêtre célébrait la messe dans une petite chaqelle oú trois personnes seulement pouvaient se tenir à genoux: *et Jésus-Christ, le sauveur adoré du genre humain*, honorait cette scène imposante de sa présence réelle. La foule pieuse faisait queue au dehors, et s'accommodait le moins mal possible sur les rocs et les rares touffes de gazon

La messe dite, un antique usage exigeait impérieusement qu'à trois reprises le prêtre mouillât le bâton de la Croix dans l'eau du lac, qu'à trois reprises encore il jetât des pierres dans ses eaux glaciales.

Ces cérémonies achevées, la foule se dispersait, des groupes se formaient çà et là et se formaient en couronne autour du lac. Alors commençait le frugal repas des robustes pèlerins. A midi, les prêtres se levaient, à un signe convenu, les montagnards se rassemblaient et se comptaient. Puis ce bon peuple redescendait lentement les rochers escarpés, suivait avec bonheur les zig-zags du sentier, tantôt au milieu des roches élevées, tantôt au milieu des noirs mélèzes, et ne discontinuait ni ses prières ni ses chants.

En 1864 sur la fin de septembre, sans irruption extraordinaire le lac du Rhutor se dessécha au point qu'on peut aujourd'hui le braver sans danger. Que devinrent les eaux qu'il contenait et qui tant de fois inondèrent la plaine d'Aoste ? On ne peut faire que des conjectures.

Le lac en perdant ses eaux, a perdu ses pèlerins. Il n'y a plus de voix, plus de prières qui montent du glacier au ciel, la petite chapelle ne sera bientôt plus qu'une ruine, et la procession du Rhutor un charmant et lointain souvenir. Ainsi, quand Dieu cesse de menacer, les hommes légers cessent de prier.

II.

L'année 1795 venait de s'ouvrir et son rude hiver commandait le repos aux deux armées qui se mesuraient depuis trois ans sur le sommet des Alpes. Quelques faits seulement signalent à cette époque, leur séjour sur ces montagnes.

D'un côté, les Piémontais se renforcent par l'arrivée de la compagnie de Suse qui se montre à la Thuile depuis le commencement du mois de janvier 1795 ; le médecin de cette même compagnie nommé *Richard*, d'origine savoisienne, ne peut soutenir le souffle des glaciers et meurt le 29 janvier de la même année ; d'un autre côté, les Francais semblent s'apprivoiser avec les belles montagnardes, et chez eux la licence succède à la dévastation.

Cependant l'hiver touchait à sa fin, le soleil de mai dorait le faîte du Rhutor et la montagne était de nouveau libre. Aussitôt des escarmouches et des combats partiels recommencent entre les deux armées.

Selon toute apparence, la première lutte de cette année, eut lieu aux environs d'un village de La-Thuile. Est-ce le *Buic*, est-ce le *Thovex*? On ne le sait pas exactement.

Ce qui paraît certain, c'est que les Français eurent l'avantage, ils mirent le feu au petit hameau et plusieurs soldats Piémontais périrent au milieu des flammes. Ce succès n'eut d'autre résultat que d'augmenter les misères des malheureux Thuilains, sans améliorer la position des Français.

L'année 1795 ne se signale que par quelques rencontres dans le creux des vallons, où les fusillades et les coups de sabre tenaient la première place. Ce genre de combat était d'habitude le triomphe des français. Aussi les piémontais ne s'y engageaient que très-difficilement. Il leur suffisait de défendre les passages vers l'Italie, et ils ne pouvaient le faire avec plus de succès qu'en se tenant sur les hauteurs fortifiées dont ils étaient les maîtres.

Le 10 mai 1795, l'abbé Gontier Nicolas, recteur du Petit S. Bernard depuis 1791, fut violemment expulsé de l'Hospice par les soldats français. Depuis ce jour jusqu'au 29 juillet 1836, l'Hospice resta sans recteur et l'hospitalité fut suspendue.

Au mois de septembre 1795, les français passèrent au fil de l'épée deux Thuilains nommés l'un *Berger* et l'autre *Blanchet*. On prétend que ces deux braves montagnards payèrent de leur tête, le dévouement qu'ils avaient conservé à leur roi et aux troupes qui défendaient leur patrie. Leur fidélité fut considérée comme un espionnage et leur patriotisme comme un crime que la mort seule pouvait expier.

Malgré ces actes de barbarie, les soldats de la Terreur n'avancèrent pas d'un seul pas. Les mois de juin, de juillet, d'août et de septembre s'écoulèrent sans leur donner un seul avantage bien marqué.

Le mois d'octobre arriva, et avec lui, les froides bises, les gelées et les tas de neige qui s'accumulent sur les Alpes. Français et piémontais rentrèrent forcément dans leurs tanières et s'y tapirent attendant l'apparition de nouveaux soleils. C'était le troisième hiver que ces incomparables guerriers passaient au pied du Rhutor, au milieu des avalanches, sans désemparer.

Comment s'écoulaient pour eux ces interminables hivers ? Quelles furent leurs joies et leurs souffrances ? Prenaient-ils part aux longues veillées des montagnards, ou bien n'osaient-ils se hasarder hors des limites de leur camp ? Personne ne peut le dire.

Enfin l'année décisive commence. Les Français irrités de se voir arrêtés si longtemps au sommet des Alpes par les soldats d'un petit roi, demandent à leur patrie de nouveaux secours.

Dès les premiers mois de l'an 1796, le nombre de leurs guerriers est considérablement augmenté. Les Piémontais, pressentant que des efforts suprêmes vont être tentés par l'ennemi, se fortifient chaque jour, et la compagnie de Saluces ayant à sa tête le capitaine *De Santi* vient augmenter leurs rangs. En un mot, la lutte se prépare de côté et d'autre, plus ardente que jamais.

Cette fois, les Français à bout de patience n'attendent pas la bonne saison pour combattre. Se faufilant à la faveur des ténèbres au milieu des bois, ils tombent à l'improviste sur le camp ennemi. Les Piémontais surpris par une attaque aussi vigoureuse qu'inattendue se défendent avec bravoure il est vrai, mais avec peu d'ensemble. Leurs troupes après une médiocre défense se laissent repousser vers Pettozan, du côté de la Salle.

C'est assurément en suite de cette lutte que plusieurs soldats Piémontais furent ensevelis à La-Salle, leurs corps n'ayant pu être transportés comme d'habitude, à La-Thuile, parce que les Français venaient de se rendre maîtres de tous les passages.

Cette trouée que les redoutables soldats de la France avaient opérée ne fut cependant pas décisive. Le gros des bataillons piémontais reprenant bientôt le calme nécessaire, se replia à droite et à gauche sur les monts abruptes où étaient les principaux campements. Les nôtres peu à peu, regagnèrent le terrain qu'ils avaient perdu et se défendirent encore pendant quelque temps. Le cimetière de La Thuile put de nouveau recevoir les dépouilles de leurs compagnons morts sur le champ des braves, parmi lesquels nous comptons l'officier *Barbavara* de la compagnie de Saluces.

Malgré ces efforts, ce ne fut point par les armes que nos guerriers vidèrent leur querelle, mais par les combinaisons diplomatiques, et par les succès inouïs de Bonaparte en Italie.

En effet, le plus grand capitaine des temps modernes venait de prendre le commandement de l'armée française en Italie. *Bonaparte* avait succédé au général Schérer ; il trouva ses troupes disséminées sur le sommet des Alpes, n'ayant ni pain, ni solde, mais composées d'hommes du midi vivant au jour le jour, dans ces montagnes depuis quatre ans. Napoléon qui arrivait jeune et inconnu dans cette armée où étaient des généraux illustres, leur dit : Soldats, vous êtes mal nourris et presque nus ; le gouvernement vous doit beaucoup et ne peut rien pour vous. Je vais vous conduire dans les plus fertiles plaines du monde... vous y trouverez honneur, gloire et richesse.

Quelques jours après, le grand capitaine remportait les victoires de Montenotte, Millesimo, Dego, Mondovì, s'emparait de Milan, assiégeait Mantoue. Le bruit de succès si rapides et si inespérés eut naturellement son contre-coup au milieu de nos montagnes. La déroute des piémontais semblait devenir irréparable ; et l'on finit par signer la triste paix de Paris qui livrait une partie de nos Etats à la France. Ce fut, malgré tout, le bonheur des braves Thuilains. Leurs montagnes allaient enfin rentrer dans une certaine tranquillité, leurs moissons cesser d'être la proie de l'ennemi, et leurs maisons celle des flammes.

Note relative

au lac et à la chapelle du Rhutor.

Le lac du Rhutor a perdu, auprès de la génération actuelle, sa triste célébrité. Peu connaissent les excursions longues et courroucées qu'il se permettait dans notre pays, les ponts qu'il entrainait, les bourgades qu'il envahissait, les campagnes qu'il réduisait au plus malheureux état. Aussi nos lecteurs liront volontiers le récit de ses exploits.

Mentionnons, avant tout, les inondations les plus célébres occasionnées par les débordements du Rhutor. Le géologue Martin Baretti dans un travail sur ce lac fameux, et de Tillier dans son historique de notre vallée, signalent les irruptions des années 1594, 1595, 1596, 1597, 1598, puis des années 1630, 1631, puis des années 1678, 1679, 1680, finalement des années 1738 jusqu'en 1752. M. Baretti observe que les irruptions, une fois commencées, se prolongeaient presque toujours durant une certaine période d'années.

Ces inondations faisaient-elles vraiment beaucoup de mal? A cette demande se charge de répondre un ingénieur du seizième siècle. Les irruptions commencées en 1596 furent si épouvantables que non seulement le Valdigne, mais notre Conseil des Commis, et le duc de Savoie, Emmanuel Philibert, s'en émurent. Ce dernier envoya un ingénieur nommé *Jacques Soldati* et l'allemand Simon Tubinger pour visiter le lac et voir comment on aurait pu l'empêcher de nuire encore. Sous la date du 10 août 1596, l'ingénieur Soldati donnait au prince son rapport. Dans un italien que nous traduisons littéralement, il dit : « L'hiver gelant l'eau du lac, et survenant la neige sur l'eau gelée, et touchant dessus d'autres eaux d'un petit lac supérieur et de quelques ruisseaux, viennent à se geler l'un sur l'autre, en telle hauteur que la susdite bouche du lac reste toute glacée et obstruèe, et survenant l'été, l'eau du dit lac, et les ruissseaux, et l'eau glaciale, et l'eau de la liquéfaction des neiges, ne trouvant passage par la bouche gelée, ni ailleurs, se vont élevant sur le lac glacé, lequel, se liquéfiant peu à peu par la chaleur, vient à causer que vers les calendes d'août, chaque année, l'eau accumulée en si grande quantité, trouvant la dite bouche liquéfiée et ouverte, sort en telle abondance et avec une telle fureur, qu'en six heures à peu près, elle fait croître et décroître le torrent et le fleuve de la Doire Baltée, où il entre à Pré-St-Didier, de manière qu'il inonde et ruine les villages, les chemins, les possessions, plantes, et les ponts et les rives.. ... Il a détruit trente-deux maisons à La Thuile, et transporté grande partie de la route avec les possessions et ponts ; il menace de vouloir emporter bien vite le bourg de Pré S. Didier et celui de Morgex. »

Pour mettre un terme à de semblables dévastations, divers projets furent présentés par des personnes de l'art : l'un consistait à obtenir l'élévation du niveau du lac de manière à le faire verser graduellement dans le *bassin des glaciers*, mais quelle barrière artificielle aurait pu résister à la pression d'un tel volume d'eau ? Le bon homme qui proposait ce moyen ne réclamait qu'une dépense de deux mille écus d'or. D'autres auraient voulu la construction d'un réservoir régulateur du *bassin des glaciers*; enfin, un allemand, nommé Simon Tubingher, proposait un moyen qui devait atteindre le mal à sa racine en empêchant que le lac ne s'emplît d'eau au point d'amener une rupture. Ce moyen consistait à pratiquer dans la roche vive un canal émissoire par lequel l'eau s'écoulerait graduellement. Mais ce projet aurait coûté au pays d'Aoste plus de 90 mille livres en métal, et plus de 166 mille livres en froment, outre la coupe gratuite des bois nécessaires et le transport gratuit des provisions et des meubles indispensables à l'entreprise.

On recula devant une pareille dépense et l'on arrivait à l'année 1597 sans avoir rien conclu; cependant le Rhutor continuait lui ses ravages. Alors les regards du public se tournèrent vers le ciel. Nous voyons en effet par une lettre de l'évêque d'Aoste, Barthélemy Ferrero, au duc Charles-Emmanuel I, en date du 20 juin 1603, qu'en ce même mois, une procession des peuples de la Vaudagne était partie d'Aoste emportant le chef du glorieux saint Grat et s'était rendue au lac du Rhutor. *La quale s'è fatta in quattro giorni,* écrit l'évêque, *con indicibile devotione e contento di tutti, e già hanno sentito la gratia divina, che non così presto gli fu accordata detta processione che il lago sfogò con tanta quiete che non ha fatto mal alcuno.*

Cette heureuse réussite jointe à un récit extraordinaire qui circulait à La Thuile vers l'année 1606, tourna plus que jamais tous les regards du côté des secours surnaturels. C'est ici que nous touchons à l'origine même de la chapelle du Rhutor, et qu'on va voir à quel fait étrange elle doit son existence. Le bruit courait donc qu'un chasseur de la Thuile nommé *Pantaléon Dottin,* avait vu, sur les bords du lac du Rhutor, un trépassé lui apparaître et lui donner des conseils sur les moyens de se garantir des irruptions du lac. Ces bruits prirent de la consistance au point que la Cour épiscopale d'Aoste, par des lettres souscrites le 16 juin 1606, déléguait un chanoine de la Cathédrale pour se transporter sur les lieux et contrôler minutieusement toute chose.

Ce chanoine portait le nom de *Jean Pascal.* Arrivé à La-Thuile, il s'occupa activement de sa mission, et sous la date du 16 juillet 1606 fit dresser les résultats de son enquête, dans un latin tout à fait curieux.

Pautaléon Dottin, âgé d'environ cinquante ans, appelé, paraît devant dom messire Jean Pascal, le vénérable Pierre Charvoz, curé de La Thuile, et l'égrége Pierre Peclet, notaire, et jure de dire la vérité.

Interrogé s'il connait la position du lac du Rhutors, et comment, par relation. ou par lui-même ? Il répondit la connaître non par ouï-dire, mais par lui-même.

Interrogé sur le nombre de fois qu'il a visités le lac? Il répondit l'avoir visité plusieurs fois chaque année depuis l'âge de douze ans.

Et cette année, n'y avez-vous pas été tout seul, par un jour de fête, portant quelque arme? N'avez-vous pas rencontré quelque animal, ou quelque chose de semblable? — Oui, j'y ai été une fois tout seul (c'était le jour même de Pâques) portant mon fusil de chasse(*sclopetum*); tandis que je montais, je vis au lieu dit: le *gex du Rhutors*, un lièvre blanc caché sous une pierre ; je fis feu *(laxavi sclopetum)* pour le tuer, et ne pus; le lièvre descendit vers le lac, je le suivis et fis feu une seconde fois, mais sans pouvoir le blesser. Alors ayant jeté mon arme, je m'avançai vers le lac et le mesurai pour voir de combien il augmenterait jusqu'à mon départ.

Cela fait, le chasseur Pantaléon Dottin prit une bouchée, puis s'endormit. A son réveil, il mesura de nouveau le lac et trouva qu'il avait crû d'un doigt; de là, il se porta sur le lieu où fut célébrée la messe le jour où les reliques de Saint Grat avaient été processionnellement portées au Rhutors, puis se dirigea vers la bouche d'où sortent les eaux pour vérifier s'il en coulait beaucoup ou rien. Chemin faisant, il entendit une voix semblable à celle d'un chasseur qu'il avait connu autrefois; puis il aperçut un homme assis, la face tournée vers le lac. — *Ho l'homme, nous en allons-nous?* fit Pantaléon Dottin.— Alors l'homme qui était assis se leva; le chasseur Dottin après l'avoir bien envisagé connut que c'était *un esprit* et non un homme. A cette vue il frissonna, fit quelques pas en arrière, disant : *Jésus !*

L'*esprit* était semblable à un homme qu'il savait être mort, avec lequel il avait très-souvent bu, mangé, conversé. Alors cet esprit lui adressa la parole en ces termes: *ne te baille point peur, car je ne te porterai point dommage. — Ie n'estime point que tu me puisses porter aucun dommage, car j'ai la ferme foi en Dieu,* répondit le chasseur Dottin. — *Ne me connais-tu pas? — Oui, mais je n'estimais pas que vous fussiez ici d'autant qu'il y a longtemps que vous êtes allé à Dieu!* — Alors cet esprit le chargea d'une commission pour ses parents; ce que Pantaléon Dottin fit; sans le manifester jamais à d'autres alléguant qu'il le tenait sous le secret de la confession.

Finalement le chasseur adressa lui-même la parole à l'esprit, demandant si le lac durerait longtemps et s'il causerait encore beaucoup de mal. — *Ils sont des secrets de Dieu, il n'est pas à faire à moi de les savoir, et pourvu que vous fassiez quelque bonne dévotion et accomplissiez la résolution prise de fonder une chapelle à l'honneur de Monsieur saint Grat, et qu'on lui vienne célébrer la messe une fois l'année, que le dit lac remplisse tout ce qu'il voudra, il ne portera point dommage.*

Cependant notre chasseur saisi d'effroi suait à grosses gouttes et finit par dire à l'esprit qu'il désirait s'en aller, car les jambes lui manquaient. *A Dieu,* dit-il à cet esprit, en le quittant : *A Dieu* répondit l'esprit, en ajoutant : *Garde-toi bien de tirer davantage de ton arquebuse pour aujourd'hui, nonobstant que tu trouves des bêtes de chasse, comme chamois et autres.*

Alors Pantaléon Dottin se retira, saisi d'une frayeur croissante ; il rencontra plusieurs animaux, surtout des chamois, mais son arquebuse, on peut le concevoir, resta muette. Notre brave homme en tomba malade. Revenu à la santé, par la grâce de Dieu, dit l'enquête, il souscrivit avec serment sa déposition, ainsi que Dom Messire *Jean Pascal*, le vénérable Curé *Pierre Charvoz*, et l'égrége notaire *Pierre Peclet*.

Deux jours après, soit le 18 juillet 1606, un contrat fut stipulé entre messires Jean Pascal chanoine, Nicolas Tavaillon, curé de Morgex, Léonard Charance, curé de Pré S. Didier, Pierre Charvoz, curé de La-Thuile, les prud'hommes Nicolas Jacquemod et Pierre Grangeon sindics de La Thuile, et maître Pierre Guettaz entrepreneur-maçon. Cet acte constate que les syndics de La-Thuile, Morgex, Pré S. Didier, La-Salle et Derby s'étaient rendus d'édifier une chapelle à l'honneur de *Monsieur Saint Grat*, que pour l'effectuer ils avaient obtenu de l'évêque d'Aoste la permission de faire *une quête rière le dit pays*, s'obligeant à la célébration d'une messe par année. Moyennant la somme de cent trente florins petit poids de Savoie, et un sétier de blé beau et recevable, outre diverses corvées, Maître Pierre Guettaz promit de construire la dite Chapelle *en bon dû état au dit lieu de Rhutor*. Ainsi fut bâtie la chapelle dite aujourd'hui de *Ste-Marguerite.*

LA TERREUR

SUR LES ALPES

SECONDE PARTIE

CHAPITRE Ier

Année 1792 — Arrivée des Piémontais à Fornet — Français campés à Ste-Foi (Savoie) — Suisses dits Rocquemondets — Miliciens habillés de rouge — Procession de St-Grat dans la cité d'Aoste — Le Valgrisain — Portrait.

Dans le même temps que les Français et les Piémontais se battaient au Petit-St-Bernard, des combats avaient lieu sur la même ligne, à dix heures de distance, précisément sur le versant méridional du fameux glacier du *Rhutor*. Là, entre des pics élevés et des glaces éternelles, à 3,000 mètres environ au dessus du niveau de la mer, se trouve le *Col du Mont,* qui fait pendant à celui du Petit-St-Bernard; placé entre

Valgrisenche et *Ste-Foi*, il offre un passage assez facile vers l'Italie.

Les Français tentèrent de le forcer : nous les voyons mois pour mois, jour pour jour, agir sur deux points différents. Au mois d'octobre 1792, leurs bataillons sont au pied du Petit-St-Bernard, en ce même mois et dans cette même année, ils paraissent au pied du Col du Mont ; s'il y a bataille au Petit-St-Bernard, il est sûr qu'il y a bataille au Col du Mont ; quand le Petit-St-Bernard est pris ; quand La-Thuile est envahie, Valgrisenche est envahi. Un fil électrique semble passer sur l'immense glacier du Rhutor et ne faire des deux armées qu'une seule armée.

Les Piémontais assaillis à la fois au Nord et au midi du Rhutor, concentrèrent sur les deux points des troupes chargées de barrer le passage aux audacieux envahisseurs.

Nous avons vu ce qui s'est passé à La-Thuile, il me reste à décrire les luttes opiniâtres dont les habitants de Valgrisenche furent témoins. Dans mon récit, je suis pas à pas un vieux mémoire laissé par un bon montagnard, nommé André Chamonin, et les souvenirs des vieillards Valdôtains que j'ai pu cousulter. Je dois par dessus tout des remerciments à M. Chamonin, archiprêtre de Cogne, dont le savoir égale la bonté proverbiale.

C'est le 9 du mois d'octobre 1792 que les Piémontais font une première apparition sur les sommités de Valgrisenche. *La légion légère et une Compagnie de Suse* arrivent, campent à *Fornet*, hameau italien perdu au milieu des neiges, à quelque distance du Col du Mont.

Les officiers logent à la Rectorie de Fornet, où M. l'abbé *Armand*, Recteur, leur cède ses meilleurs appartements ; le corps de garde est fixé aux domiciles de *Bozon P. François*.

Tandis que les piémontais prenaient ainsi position, les français occupaient le versant opposé. *Sainte-Foi* était leur camp principal, et le *Chalet de la Motte*, situé au pied du col du Mont, du côté de la Tarentaise était leur meilleure position. Le mois d'octobre 1792 s'écoula sans la plus légère escarmouche. De part et d'autre, les soldats ne devaient guère être en état de de se battre. L'automne était si rigoureux, la montagne si difficile, les privations si nombreuses que la force manquait à ces braves militaires pour d'autres luttes.

Les Piémontais manquaient parfois du nécessaire. Les *Valgrisains* (habitants de Valgrisenche furent obligés de leur fournir les bois, la paille et les hardes absolument indispensables. Les munitions et les vivres étaient fournis par le roi de Piémont qui les faisait transporter à ses frais jusqu'à *Lèverogne*. De Léverogne à Fornet, ils restaient à la charge des paysans d'*Arvier*, d'*Avise* et de *Valgrisenche*.

La *légion légère et la compagnie de Suse* campées à Fornet depuis le commencement d'octobre 1792, abandonnèrent ce poste trente jours après. Tandis que la cloche appelait nos montagnards aux fêtes de la Toussaint, la trompette sonnait leur départ.

Quelques centaines de soldats Suisses, dits *Rocquemondets*, prirent leur place et la gardèrent jusqu'à la fin de novembre. A cette époque, une troupe de montagnards jeunes et robustes fraîchement enrôlés sous le nom de *Miliciens*, arrivèrent d'Aoste, où ils s'étaient fait instruire au maniement des armes, et vinrent occuper Fornet sous le commandement du sergent *Gorra*. Les Suisses se retirèrent alors, et les miliciens restèrent seuls à la garde de leurs montagnes. De Fornet ils correspondaient tous les trois jours avec les chefs des troupes alpines fixées probablement à Aoste.

Le costume des miliciens était rouge de la tête aux pieds. Ce devait être un curieux spectacle que de voir ces hommes rouges dispersés çà et là au milieu de neiges, sur l'arête des monts, sur le flanc des glaciers. Les miliciens, avec ce même costume, assistaient jadis à la procession que l'on fait en l'honneur de *saint*

7

Grat, le septième jour de septembre, dans les rues de l'antique cité d'Aoste.

Durant le cours de l'hiver 1792-93, l'occupation principale des miliciens fut d'explorer les points culminants des montagnes qu'ils défendaient, les Valgrisains se joignirent à eux dans toutes les occasions difficiles et partagèrent tous leurs dangers.

Dans le cours de notre récit, il sera souvent question des *Valgrisains*, il est bon que le lecteur les connaisse.

De taille moyenne, à l'esprit spéculateur et entreprenant, le *Valgrisain* se distingue parmi tous les autres montagnards á des traits caractéristiques bien prononcés. Moins beau et moins grand que le *Thuilain* et les *enfants rosés* du Mont-Rose, il gagne sur eux en activité, ce qu'il perd en beauté.

Le Val d'Aoste ne possède assurément pas de bras plus actifs, ni de cœurs plus attachés à la foi que les leurs. *Sur 18 Valgrisains,* vous comptez un prêtre. Le sacerdoce est le sommet envié que convoitent pour leurs fils tous les chefs de famille. Nulle part, le dimanche n'est plus scrupuleusement sanctifié qu'au milieu de leurs montagnes. Le profane qui travaille les saints jours, est encore à naître parmi eux.

Si, au mois des fleurs, vous alliez un dimanche á Valgrisenche, vous seriez témoin d'un spectacle touchant et gracieux. Vous y verriez de tous les coins de la vallée, du milieu des rochers comme du pied des forêts, accourir vers le *clocher noir* de jeunes montagnardes gaies, rieuses, portant un berceau sur l'épaule et des fleurs sur la poitrine. Arrivées à la porte de leur belle église, elles laissent le précieux fardeau, déposent un baiser sur le front du petit ange, puis se mêlent aux fidèles. Les chants commencent, la messe se dit, les prières montent où vont les parfums de l'autel, et les petits anges, faisant garde autour du sanctuaire, attendent en paix le retour des jeunes mères.

La foi naïve et inébranlable du *Valgrisain* fait sa gloire et sa fortune. Il s'est passé plus de soixante ans, sans qu'un seul de ces montagnards eût mis le pied dans une prison. Les gens d'armes ont peu à faire dans cette vallée où la religion et le travail font tout. Les procès longtemps n'y ont été connus que de nom ; si quelques différends surgissaient entre eux, un vieillard respectable était pris pour arbitre et le différent vidé sans frais et sans délai.

Le peuple Valgrisain, grâce à son esprit de prévoyance et d'économie, ne compte guère de mendiants ; ce peuple ne semble avoir reçu pourtant que des rochers en partage ! La vallée qu'il habite est en effet la plus rocailleuse, la plus étroite, la plus disgrâciée du pays d'Aoste, mais, du milieu de ces gorges, le cri de la faim ne s'élève pas. Bien-être admirable d'une population qui porte sur le front ces deux mots : *Travail... Religion...* Valgrisenche est une ruche d'abeilles incessamment en activité. Voyez-les ces montagnards laborieux sortir chaque semaine des étroits défilés qui les séparent du reste des hommes, se répandre dans la plaine d'Aoste, porter et chercher partout le fruit de leurs travaux et l'occupation de leurs veilles. Que la neige tombe, que le vent souffle, que la *tourmente* forme et déplace en un instant des montagnes de neige, que les avalanches roulent avec un fracas épouvantable, qu'importe ? Ils poursuivent leur chemin sans sourciller ; de loin, on les entend causer à si haute voix, rire de si bon cœur, qu'on se dit : *Voici le Valgrisain !*

CHAPITRE IIme

Année 1793 — De nouvelles troupes arrivent à Valgrisenche — La *milice* prend des proportions importantes — Triangle formé par les troupes Piémontaises — Le Col du Mont occupé — Souffrances des soldats — Descente en Savoie — Fin de l'année 1793.

Le 17 mars 1793, tandis que des monceaux de neige couvraient encore les gorges de Valgrisenche, la *Légion légère*, bravant les frimas, traverse cette étroite vallée et va se joindre aux *miliciens* qui seuls avaient occupé Fornet durant les rigueurs de l'hiver. Le recteur de ce hameau, M. l'abbé Armand, cède une seconde fois son logement aux officiers et se retire à *Surrier*, petit village bâti sur la route du Col du Mont à une demi heure de Fornet.

Durant le mois de mars, d'avril et de mai, nous voyons les *miliciens* augmenter considérablement leurs rangs. Cette troupe composée uniquement de montagnards Valdôtains se fait remarquer à partir de cette époque. D'abord la plus humble de toutes, la plus inaperçue et la moins exercée à la vie des camps, elle arrive bientôt à un degré de considération qui étonne.

Les miliciens dépasseront un jour par leur valeur et leur fidélité, les vieux troupiers du Piémont. Au moment des périls les plus imminents, lorsque le courage des autres sera prêt à faiblir, nous les verrons fermes, inébranlables relever autour d'eux les cœurs abattus ; quand quelque officier traître à la patrie livrera à l'ennemi la cléf de nos montagnes, nous verrons les miliciens presque seuls tenter un effort désespéré pour réparer cette honte et refouler les envahisseurs. Le premier chef de ces braves fut le capitaine *Vaudan*, le second M. *Empereur*, le dernier et le plus illustre *François Chamonin*, natif de Valgrisenche, le véritable héros de ces guerres au sommet des Alpes.

Tandis que les miliciens se préparaient un avenir de gloire, d'autres corps de troupes arrivaient à Valgrisenche et prenaient position de la manière suivante : la *Légion légère* est à Fornet et forme le camp central ; une compagnie de Piémontais occupe les *Uselières*, petit village à vingt minutes de Fornet vers le couchant, une autre compagnie occupe le *Chantelet* hameau situé sur la route de Fornet à la *Grande Alpe*. Les miliciens toujours aux postes les plus difficiles sont chargés de faire sentinelle sur les hauteurs de la *Grande Alpe*. On appelle ainsi des pâturages élevés qui s'étendent du pied du Col du Mont vers Fornet.

Au commencement d'avril, de nouvelles troupes quittent le Piémont et se mettent en marche pour les Alpes. C'était un régiment tout entier de la *Légion légère*. Arrivé à *Léverogne*, au moment de gravir la pente rapide qui conduit à Valgrisenche, il est arrêté. La neige est si haute, les chemins tellement obstrués qu'on ne les aperçoit même pas. Une foule de robustes paysans se rassemblent en quelques heures ; armés de pelles ils se placent devant les soldats et tracent avec peine un étroit sillon que la *tourmente* efface presque aussitôt. Après une demi-journée de lutte contre un temps affreux, les Légionnaires arrivent un à un à Fornet où les attendaient d'anciens camarades. Leur colonel est nommé par le roi de Sardaigne, commandant de Valgrisenche.

L'armée piémontaise ainsi renforcée, on pensa à des travaux que chaque jour en s'écoulant, rendait plus nécessaires. Le Col du Mont n'était encore occupé ni par les Français ni par les piémontais ; les glaces l'avaient jusqu'alors défendu contre l'audace militaire. Les officiers sardes, comprenant l'importance stratégique de ce Col, se hâtèrent de s'en emparer. Ils furent les premiers. Le mois de mai 1793 venait de s'ouvrir, la montagne était encore bien mauvaise et la neige bien haute, cependant l'entreprise est aussitôt commencée.

Soldats, paysans, bûcherons, se répandent dans les bois touffus de Valgrisenche et abattent les plantes les plus élevées. On les travaille, on les transporte sur les épaules jusqu'au Col du Mont et là on construit de petites cabanes que les paysans appelèrent *baraccon*. Le 15 mai, le Col du Mont était habitable et les soldats de la *Légion légère* en prenaient possession. Les huttes en bois ne purent cependant les abriter tous et l'on fut obligé de planter des tentes sur la neige haute de plusieurs mètres.

Pauvres soldats ! qui pourra jamais nous redire les souffrances qu'ils endurèrent ? Sur ces hauteurs glacées, les vivres strictement nécessaires ne leur arrivaient qu'après mille difficultés ; un pain à demi gelé et un peu d'eau-de-vie, étaient toute leur subsistance ; ils dormaient sur quelques pieds de paille, couverts de misérables draps, exposés au souffle de la *tourmente* qui pénétrait de tous côtés par les fissures des planches qui les abritaient à peine.

Tant de privations et de souffrances ne firent pas reculer les braves piémontais ; au contraire, à mesure que la neige baisse, nous les voyons monter, monter sans cesse.

Au mois de mai, les miliciens occupent le *Col du Vaudet* situé au couchant du Col du Mont, d'autres troupes forment un camp à la *Grande Alpe* et achèvent ainsi sur les sommets de Valgrisenche un triangle formidable.

Deux détachements de soldats sont placés l'un au hameau de l'Eglise, l'autre à *Planaval, le village aux blanches toiles*, et sont chargés de maintenir une correspondance exacte entre le Col du Mont et le camp général fixé aux glairs de Quart.

Au mois de juin, une compagnie de militaires suisses arrive à Valgrisenche et pousse sa marche jusqu'au Col du Mont. L'armée piémontaise grossissait ainsi chaque jour, elle occupait les postes les plus redoutables, et organisait la défense sur tous les points, mais les Français ne se montraient pas. Longtemps nos soldats les attendirent de pied ferme et ce fut en vain.

Ce temps d'attente fut fatal aux Valgrisains. Les militaires désœuvrés respectaient fort peu leurs terres et se livraient parfois à un vandalisme scandaleux. Le village de Fornet souffrit plus que tous les autres et fut réduit à la dernière détresse. Les Valgrisains obligés de fournir aux troupes la paille et le bois nécessaires, de transporter les vivres, ne purent d'ailleurs cultiver leurs champs comme d'habitude et n'eurent que d'insuffisantes récoltes. Ceux d'entre eux qui manquaient aux impositions communes, étaient sur le champ condamnés à une amende particulière. Cinq soldats appelés *hommes de brigade*, se présentaient chez eux et exigeaient trois fr. par tête. Qui recevait *la brigade* était par le fait même condamné à cette amende.

Cet état de choses dura jusqu'au mois d'août 1793. Les deux armées semblaient redouter le moindre choc et prendre plaisir à prolonger ce calme désastreux. Les Piémontais cependant secouèrent leur torpeur et se décidèrent à marcher à la recherche de l'ennemi.

Le 15 août, après avoir confié le Col du Mont à la bravoure des Miliciens, la Légion légère et les Suisses font une descente en Savoie, où ils se joignent aux troupes du duc de Montferrat, qui étaient passées par La-Thuile. En peu de jours, ils se rendent maîtres de *Ste-Foi, Villaroger*, *Séez* et s'avancent jusqu'au charmant bourg de St-Maurice (Tarentaise).

Nous avons vu dans la première partie de ce livre le résultat de cette campagne, la déroute des nôtres, le départ du prince. Nous n'y reviendrons pas. Quant aux Suisses et à la Légion légère, on les retrouve le 20 octobre, au Col du Mont et à Fornet, où ils stationnent jusqu'au 8 décembre 1793.

A partir de ce jour, les Miliciens restent de nouveau seuls à la garde de leurs chères montagnes, sous les ordres du sergent *Moret*, natif de Valgrisenche.

CHAPITRE IIIme

Année 1794 — La *marine* — Le chevalier *Avogrado* est nommé commandant général de Valgrisenche — Surprises du Col du Mont par le commandant français *Bernard* — Lutte acharnée et déroute des Français — La nouvelle de la prise du *Traverset* — Panique au Col du Mont — Episodes — Troisième tentative et déroute finale du commandant Bernard — Traces de cette bataille sur le glacier de *Loidon*. — Combinaisons pour reprendre le Petit-St-Bernard.

L'hiver de 1793-94 ne fut ni long, ni rigoureux sur les Alpes. Au mois d'avril déjà la neige disparaissait à vue d'œil et reculait jusqu'à la limite des glaciers.

Les Français, à la faveur de ces journées magnifiques, se hâtent d'envahir nos montagnes, résolus de tenter un suprême effort, et de prendre d'un même assaut le Petit-St-Bernard et le Col du Mont. Le roi de Piémont Victor-Amédée III, connaissant leurs préparatifs redoutables et leurs projets audacieux, renvoie sans tarder ses soldats à la défense des Alpes.

Le 1r mars 1794, deux compagnies piémontaises de l'arme dite la *marine* arrivent à Valgrisenche sous la conduite du capitaine *Mussa*. L'une occupe *Fornet* et l'autre le village des *Uselières*. Les miliciens commandés par le capitaine *Empereur*, se partagent entre le chef-lieu et Planaval ; une autre compagnie de soldats Piémontais est placée à la *Grande-Alpe*. A la fin de mars, un régiment entier de la marine, ayant à sa tête le chevalier Avograde, vient grossir les rangs de cette armée déjà imposante.

Fornet est choisi pour servir de centre et de point de ralliement à ces troupes disséminées sur l'arête des monts et le flanc des glaciers. La chapelle de ce village est convertie en caserne, l'autel seul est conservé pour la célébration des Saints Mystères auxquels l'armée assiste tous les jours de dimanche et de fête.

Le chevalier Avograde, à peine arrivé à Fornet, est nommé commandant général de Valgrisenche. Cet homme était doué d'un caractère énergique. Volontiers il partageait les privations de ses soldats, et toujours il se trouvait au premier rang à l'heure du danger. Quoiqu'il fût inexorable pour le maintien de la discipline, les militaires le respectaient et l'aimaient. Son premier soin fut de faire construire au Col du Mont de nouvelles cabanes et de réparer les anciennes.

En moins de quinze jours, tout fut près et l'actif capitaine avec le gros de son armée prit possession de ce poste redoutable et l'on vit le drapeau du Piémont flotter à 3,000 mètres au dessus du niveau de la mer. C'était le 15 avril 1794.

Les Français firent assurément une grande faute en ne devançant pas les Piémontais. Ils l'auraient pu, car à cette époque ils disposaient sur le versant opposé de forces respectables. Cette occasion manquée, un seul moyen de vaincre leur restait : *prendre le Col du Mont d'assaut,* mais une montagne de ce genre ne peut être emportée comme une forteresse. Ils le savaient et ne perdirent cependant pas courage.

Un plan d'attaque savant et audacieux fut conçu par le commandant *Bernard,* chef des Français. On touchait à la fin d'avril 1794, les Piémontais, quoiques maîtres du Col du Mont, n'avaient pas encore eu le temps de s'y fortifier, leurs provisions détériorées étaient à peu près nulles, les vivres tellement insuffisants qu'on ne devait guère être en état de soutenir un assaut vigoureux et imprévu.

Le commandant *Bernard* le soupçonnait et sans perdre plus de temps, il rassemble les plus déterminés d'entre les siens, met à leur tête de vaillants capitaines et leur annonce le dessein qu'il a d'aller surprendre les Piémontais sur le Col du Mont, à la faveur des ténèbres. Ce projet les électrise et sous l'empire de ce premier enthousiasme, les Français se mettent en marche. Cette tentative reprise deux fois est par deux fois repoussée. Nous verrons la troisième, au 15 mai 1794. Comme le chanoine P. Béthaz dans son intéressant opuscule *sur Valgrisenche* révoque en doute ce fait d'armes, nous reproduirons, tel quel, le récit trouvé là dessus dans les notes du chanoine Million de la Tarentaise. Pour le moment, restons à la suite de notre histoire.

Les Piémontais victorieux au Col du Mont, avaient à peine eu le temps de reprendre haleine, qu'une nouvelle fatale leur arrivait. Le Traverset venait d'être pris, le Petit-St-Bernard était tombé entre les mains des Français, les nôtres après une héroïque résistance, fuyaient en désordre devant l'ennemi qui était maître de La Thuile.

A ce récit, une panique indescriptible s'empare des vainqueurs du commandant Bernard. En foule, ils se précipitent de ces montagnes inhospitalières, traversent comme l'éclair la vallée de Valgrisenche, abandonnent et les vivres et les provisions de guerre, et sans faire halte, courent d'Arvier aux *glairs de Quart*, où se trouvait à cette heure le camp général commandé par le duc de Montferrat. On eût dit qu'une armée nombreuse les poursuivait et qu'un glaive impitoyable allait tous les tailler en pièces (1).

Valgrisenche ainsi abandonné par les fuyards du Piémont, fait appel au patriotisme des miliciens, tous enfants des montagnes.

François Chamonin, le héros montagnard dont la mâle figure commence à se dessiner leur parle au nom de ses compatriotes.

Raffermis par son langage plein de force et touchés par la description des malheurs qui

(1) M. le chanoine Chamonin, archiprêtre de Cogne, nous affirme qu'avant de quitter le Col du Mont, les Piémontais tinrent un conseil de guerre entre le Col du Mont et Fornet; que ce conseil eut lieu dans le plus grand trouble; les chefs, bien loin de calmer la frayeur générale, étaient aussi épouvantés que les soldats.

(Note de la 2e édition).

pouvaient fondre sur ce petit pays, les miliciens se rassurent, et seuls ils s'engagent à tenir tête aux envahisseurs.

Tandis qu'eux se dévouent ainsi pour le salut commun, quelques mercenaires piémontais s'emparent des magasins et mettent à l'encan les provisions laissées par les troupes en fuite. Le syndic de Valgrisenche et François Chamonin s'opposent vivement à ce vandalisme sans nom, et pour en avoir justice ils partent aussitôt, se dirigent vers le quartier général, exposent au duc de Montferrat la triste situation de Valgrisenche (1) et l'ignoble conduite des pillards piémontais. Le duc accueille favorablement les plaintes de ces deux montagnards et les établit eux-mêmes, conjointement avec les miliciens, maîtres de tous les magasins abandonnés.

Durant ce temps, des bandes de français cir-

(1) La soldatesque française abusa de son côté de la victoire. Nous avons ouï raconter à diverses personnes l'anecdote suivante. Quelques soldats français rencontrèrent dans un village de Valgrisenche une femme qui portait au doigt un anneau d'or. Ils voulurent le lui arracher, mais ne pouvant de suite en venir à bout ils prirent le moyen le plus court, ils coupèrent le doigt. Ce fait toutefois ayant été porté à la connaissance des chefs fut sévèrement puni.

(Note de la 2e édition).

culaient par *Pré S. Didier*, *Morgex*, *La-Salle* et *Avise*. En divers lieux, ils avaient planté l'arbre de la liberté surmonté du bonnet rouge, et dévasté les églises. Celle d'Avise venait de subir le sort commun, quand les robustes paysans d'Arvier réunis en troupe et munis de bonnes armes s'avancèrent jusqu'à Ruinaz, résolus d'arrêter les téméraires profanateurs.

Les Français voyant du versant opposé ces paysans en armes, se prirent à rire et à se moquer d'eux et de leur roi — *Roi des Piccaillons*, criaient-ils, *tire les canons*. Les paysans sans se déconcerter, restèrent fermes à leur poste, et soldats improvisés du *roi des Piccaillons*, ils réussirent pendant plusieurs jours à boucher le passage d'Italie à ceux qui les raillaient. On dit même que dans une échauffourée qui eut lieu entre Avise et Arvier, au centre d'un bois aujourd'hui détruit, ils portèrent aux railleurs des coups de maître et leur apprirent comment les paysans répondent aux impertinences.

Le duc de Montferrat ne tarda pas à avoir connaissance des efforts heureux tentés par les braves Arvelains et s'empressa d'envoyer à leur secours des troupes régulières. Un détachement de soldats piémontais fut placé à Pierre-Taillée, gorge affreuse qui sépare le Valdigne du reste de la vallée d'Aoste, et où cent hommes déterminés peuvent arrêter une armée entière. Dans ce même temps, un certain nombre de bataillons piémontais gravirent les hauteurs de St-Nicolas et occupèrent tous les passages qui tendaient vers l'Italie.

La tradition populaire rapporte ici un singulier stratagème. Les Piémontais, décidés à en venir contre les Français à une bataille générale et à les repousser jusqu'au pied du Petit-Saint-Bernard, s'avisèrent d'une ruse qui ne fut pas inutile.

Ils se concertent et arrêtent de commun accord le projet suivant, Quelques-uns de leurs bataillons resteront à Pierre-Taillée, et de là, au jour et à l'heure convenus, s'avanceront en masse contre les Français campés dans le Valdigne ; les autres disséminés sur les hauteurs de St-Nicolas, au dessus des chalets de Vertosan, feront une descente du côté de La Salle et simultanément prendront l'ennemi entre deux feux.

Le départ des troupes est fixé à minuit. Les colonnes de Pierre Taillée s'ébranlent et marchent avec fracas vers le Valdigne ; au même temps, les colonnes de St Nicolas allument de grands feux sur les pics qui de Vertosan dominent La-Salle et Morgex, puis tous les soldats piémontais passent et repassent un à un devant ces feux, cette procession finie et recommencée à plusieurs reprises, ils se précipitent sur le Valdigne, sonnant la charge et jetant des cris de guerre. Quelques bergers les remplacent autour des grands feux et continuent à passer et repasser sans cesse devant ces flammes qui ne disparaissent qu'avec le jour.

Les Français du fond de la plaine du Valdigne, voient ces feux et cette procession interminable, ils calculent le nombre des passants et se répètent avec effroi que l'ennemi compte des soldats par milliers. Déjà ils entendent la trompette et les cris des Piémontais prêts à fondre sur eux, et encore la procession n'a pas cessé au sommet de *Vertosan*; saisis de frayeur ils refusent le combat, se replient en ordre sur *St-Didier* et ce même jour arrivent á La Thuile.

Les Piémontais, maîtres du Valdigne, sans coup férir, ne perdent pas un instant. Les héroïques vaincus du Traverset tiennent le camp Prince-Thomas au levant de La-Thuile et les défenseurs du Col du Mont reprennent le chemin de Valgrisenche, où de suite ils occupent le même col. La gloire de ce retour inespéré doit rejaillir en partie sur les braves *Arvelains*.

Or c'est précisément ici que se place la troisième tentative du commandant Bernard sur le Col du Mont, que les nôtres venaient de réoccuper. Sur ce fait d'armes qui a un caractère tout particulier de hardiesse, nous laisserons la parole au chanoine Million, un érudit de la Tarentaise. Lui-même était redevable de ses renseignements à M. Capuçon, curé de Ste-Foy et à un rapport de la gendarmerie française communiqué à l'académie de la Val d'Isère, par M. Despines, Sous-Préfet de Moûtiers en 1867. M. Million dans les pages que nous allons reproduire commence par le récit d'un fait qui rappela le souvenir de la bataille où périt le commandant Bernard. Ecoutons-le.

II.

« Le 24 du mois de septembre 1867, Jean-François Favre, de Ste-Foy, parcourant les hautes cimes qui séparent cette commune du territoire de la vallée d'Aoste, aperçut des restes humains sur les bords des glaciers du Creux-des-morts, en la montagne de la Chassière ou Sassière. Il en informa l'autorité, et le 1r octobre, le maréchal des logis, Louis Granier, et un autre gendarme du Bourg-St-Maurice, guidés par trois hommes de Ste-Foy, se transportèrent sur les lieux pour procéder aux constatations légales.

« Arrivés tout près de la frontière italienne ; ils virent au fond d'un précipice bordé de glaces, trois squelettes étendus sur le dos, et descendirent, non sans danger, au bas du ravin. Deux de ces squelettes paraissaient avoir été abandonnés par les glaces depuis longtemps ; les ossements conservaient leur position naturelle, mais ils étaient désagrégés et se trouvaient complètement dépourvus de chairs. Le troisième, plus rapproché du glacier, était mieux conservé. Il mesurait 1 m. 80 c.; la peau de la tête était détachée du crâne et encore munie d'une forte chevelure blonde. Le bras était reployé et encore revêtu de chair, lui servait d'appui. Le côté et la jambe gauche étaient également pourvus de chair, ainsi que la région épigastrique où l'on remarquait encore la marque d'une blessure. En effet, une recherche à l'intérieur amena l'extraction d'une balle du calibre des anciens fusils de munition.

« Les seuls (1) objets retrouvés auprès de ces squelettes sont : un lambeau de drap gris-blanc qui ressemble au drap du pays, une cuillère de bois brisée en quatre fragments et un morceau de cuir paraissant provenir d'un sous-pieds.

« Après ces constatations, et vu l'impossibilité de sortir ces restes humains du gouffre où ils

---

(1) Les objets mentionnés par M. Million ne furent pas *les seuls* découverts. En 1868, l'avocat Pierre Frassy visita le glacier de Loidon, dans l'espoir d'éclaircir par de nouvelles découvertes le fait des trois squelettes humains trouvés en 1867. Après avoir parcouru le glacier en tout sens, il découvrit quelques débris d'armes, des lambeaux d'habits militaires, enfin un fusil très-rouillé qui diffère sensiblement de nos fusils actuels.

étaient et de les emporter à Ste-Foy par un trajet de six heures et avec des chemins difficiles, on les inhuma en ce lieu, et on fit sur la tombe un amas de pierres, pour en garder le souvenir.

« Pour nous renseigner sur la provenance de ces cadavres, il faut recourir au témoignage des vieillards de Ste-Foy.

« Au printemps de 1794, le commandant Bernard, chef d'un bataillon de l'Ain, tenta à deux reprises, de s'emparer du col du Mont et échoua deux fois dans cette entreprise hardie. Mais des renforts envoyés de Séez et de Villaroger par le général Almeras, permirent d'affronter les chances d'une troisième tentative. Le 14 mai, à minuit, environ 1500 hommes partirent du hameau de la Mazure, divisés en trois colonnes. Celle de droite, guidée par Gabriel Empéreur-Bozon, de Ste-Foi, se dirigea vers la montagne de Rochebrune, celle du centre prit le chemin direct du du col du Mont; mais celle de gauche, ayant pour guide Jacques Champet, et pour chef, le commandant Bernard lui-même, devait gravir les glaciers de la Sassière, contourner le rocher appelé Bec-de-l'âne et s'engager dans la vallée de glace du Loïdon.

« La colonne du centre atteignit le col à la pointe du jour et y fut rejointe par celle de droite. Il faisait un froid intense, et les Piémontais, surpris dans leur campement, non-seulement ne se servirent pas de leurs canons, mais n'eurent pas même le temps de prendre leurs armes. Ils abandonnèrent précipitamment leur camp aux soldats français. (1) Cependant, la colonne engagée dans les glaciers de la Sassière n'eut pas une pareille chance. Enveloppés de brouillards et engourdis par le froid, beaucoup de militaires glissèrent sur les pentes ou s'engloutirent dans les crevasses des glaciers. Trois officiers périrent de cette manière, ainsi que le commandant Bernard qui s'était laissé choir au fond d'un glacier. Le corps de celui-ci fut rapporté le lendemain et enseveli, à un kilomètre du village du Miroir, dans un champ, au mas de la Crosettaz. Depuis lors, les habitants du hameau appellent cette localité, le mas du commandant Bernard.

« Trois vieillards de Ste-Foy, dont l'un avait vingt ans, l'autre seize, et le troisième, dix, à l'époque où ces évènements se passaient sous leurs yeux, ont attesté ces faits avec tous leurs détails, en 1868. Leur récit est parfaitement conforme à la tradition restée vivante dans les familles de la localité et concorde exactement avec les données de l'histoire. Albanis Beaumont, dans sa *Descrip-*

(1) Sur ce point, M. Million n'est ni exact ni vraisemblable. Il est vrai que les Piémontais surpris se replièrent au premier choc, mais ils revinrent de suite à la rescousse et combattirent en braves. La preuve en est que les 1500 français furent culbutés, repoussés et mis en fuite. Prétendre mettre leur déroute sur la force des éléments est par trop invraisemblable.

tion des Alpes Grecques, 11e part. T. 1re parle de cette guerre d'avant-postes que se firent plus d'une année les Français et les Piémontais, au pied du Petit-St-Bernard, sur le Col du Mont, sur la montagne de Ste-Marguerite, et sur le mont Valézan.

« Ces vieillards, ainsi que tous les hommes âgés de Ste-Foy, en apprenant la découverte de ces restes humains à la Sassière, s'accordèrent à les attribuer à des soldats sous les ordres du commandant Bernard, qui périrent le 15 mai 1794.

« La conservation relative de ces corps durant 74 ans, est loin d'être incroyable. Les glaciers ont deux propriétés incontestables et fondées sur de nombreuses expériences ; ils conservent les chairs et les matières animales pendant des siècles, et ils ne gardent rien de ce qu'ils engloutissent. Subissant un mouvement de recul, ils chassent peu à peu de leur sein les corps étrangers qui s'y sont introduits. Ainsi il est fort plausible de penser que les deux squelettes, qui se trouvaient plus éloignés du glacier, n'avaient perdu leurs chairs que lorsqu'ils furent laisssés sur le sol exposés à l'air et aux intempéries des saisons. Le troisième, mis à découvert depuis un temps moins long, reposait naturellement plus près des glaces et n'avait pas encore subi une complète décomposition.

« La présence d'un lambeau de drap blanc semblable à celui que nous appelons drap du pays, paraîtrait devoir éloigner l'idée d'un costume militaire. Mais ce serait bien à tort, car nous savons que l'uniforme du bataillon de l'Ain se composait d'un habit bleu à revers blancs, d'une culotte blanche et de guêtres noires. Il faut se rappeler encore que les soldats d'alors portaient la cadenette, c'est ce qui peut expliquer la longueur de la chevelure qu'avait le troisième cadavre. »

III.

La tentative, quoique malheureuse, des français sur le Col du Mont, fit penser à garnir Valgrisenche de nouveaux soldats. Le bon chroniqueur André Chamonin déplore le retour des troupes par ces mots naïfs : *la peur qu'on avait d'être français fut changée en ce nouvel embarras.* Valgrisenche vit s'établir trois nouveaux camps, l'un au plan des *Uselières*, l'autre au plan *Tranchet*, le dernier à la *Grande-Alpe*. Les jours de fête on célébrait la messe dans tous ces trois camps. L'église paroissiale fut convertie en magasin et la chapelle de *Planté* destinée au service du culte pour les montagnards. Tandis que les Piémontais reprenaient ainsi leurs postes, au midi du Rhutor, un grand nombre d'ouvriers Biellais, Novarais.... arrivaient à Valgrisenche pour travailler aux fortifications que le chevalier Avograde méditait de faire au Col du Mont. On y construisit de nouvelles cabanes, toute la forêt de Bryon fut abattue pour fournir les bois nécessaires. Autour des cabanes, les officiers du génie firent pratiquer des tranchées larges et profondes, au sommet de *Seigne* de nombreuses baraques furent aussi construites. Une fois ces préparatifs achevés, 500 hommes prirent possession du sommet de *Seigne*, et près de mille soldats, sous les ordres du chevalier Avograde, se fixèrent au Col du Mont.

Aucun fait éclatant ne signale leur séjour sur les Alpes jusqu'au 18 juin. En ce jour, les Piémontais campés au Col du Mont et ceux fixés au camp Prince-Thomas essayèrent de concert de reprendre le Petit-St-Bernard. Les Piémontais du Col du Mont devaient faire dix lieues de marche au milieu des ravins et des rochers et surprendre par derrière l'armée ennemie, tandis que les *Grenadiers Royaux et les Chasseurs* du camp Prince-Thomas l'attaqueraient en face. L'action devait être générale et l'assaut terrible. Malheureusement ce plan de bataille échoua. Les Piémontais du Col du Mont furent arrêtés à Mont Valaisan par l'ennemi supérieur en nombre, et loin de porter secours à leurs compagnons de La-Thuile, ils purent à peine opérer une retraite désastreuse après avoir laissé de nombreux morts sur le champ du combat.

Trente paysans valgrisains furent envoyés le jour suivant à la recherche des blessés qu'ils avaient abandonnés derrière eux.

Cette bataille fut la dernière qui se livra sur les Alpes en 1794. Les Piémontais rentrèrent dans leurs nids d'aigle et se tinrent sur la défensive jusqu'à la Toussaint. A cette époque les défenseurs du Col du Mont se retirèrent en quartier d'hiver. François Chamonin fut nommé par le duc de Montferrat, commandant du Col du Mont et cet homme héroïque avec cent miliciens aussi courageux que lui, passa l'hiver de 1794-95 sur ce sauvage sommet. Ce trait de dévouement est, je crois, unique dans l'histoire, et des montagnards seuls en étaient capables.

CHAPITRE IVme

Le capitaine François Chamonin — Les chasseurs — Année 1795 — Plan de l'Eglise et touchant souvenir — Journée du 12 mai — Trahison du comte Cravin et du colonel Mayon — Les chasseurs et les grenadiers — Déroute des Piémontais.

Les miliciens commis à la garde du Col du Mont y restèrent pendant tout l'hiver de 1794-95, au nombre de cent. Les glaces, la *tour-*

mente et les neiges amoncelées leur servirent de rempart contre l'audace des Français, et tant que dura l'hiver il n'y eut point de sang répandu. Cependant les beaux jours commençaient à reparaître, on était à la fin de mars 1795.

A cette époque, on voit affluer sur les deux versants opposés du Col du Mont de nombreuses troupes. Les Français occupent Ste-Foi et ses sommets abruptes, les Piémontais Valgrisenche et ses étroits défilés. Dans ce même temps, un homme appelé à jouer un rôle glorieux fait ses premiers pas dans la carrière militaire.

François Chamonin, Valgrisain de naissance, après avoir été commandant du Col du Mont, est élevé au grade de capitaine par le duc de Montferrat qui l'autorise à se former une petite troupe de montagnards, connus sous le nom de chasseurs. Il n'avait point paru d'abord sur les champs de bataille et n'avait point appris le maniement des armes. Habitué dès son enfance, à vivre au milieu des bois et des troupeaux, ne connaissant que le calme des chalets et les chants de l'Eglise, il semblait ne devoir jamais goûter que les charmes de la vie champêtre et le bonheur d'être aimé de ses compatriotes dont il était l'idole.

Cependant lorsqu'il vit les maux qui depuis trois ans accablaient son malheureux pays, il sentit l'ardeur guerrière s'éveiller en son cœur, de paysan il devint soldat et de soldat capitaine.

L'amour de son pays fut son unique maître dans l'art militaire, et fit en peu de temps un bon disciple. F. Chamonin avait de 40 à 45 ans, lorsqu'il fut nommé capitaine. Distingué déjà sous les habits de montagnard, il le fut encore plus sous les habits de soldat. Son nez à demi aquilin, sa figure épanouie, son front haut et large, sa tête à demi-chauve brillèrent d'un nouvel éclat.

Tout en lui respirait un air de grandeur et de bonté. Doué d'un caractère franc et décidé d'u cœur ferme et doux, d'un esprit juste, il avait pris sur ses compatriotes un puissant empire. Cet empire il allait désormais s'en servir pour les affaires militaires.

Les jeunes gens les plus déterminés d'Arvier, d'Avise, de Valgrisenche et de St-Nicolas s'enrôlèrent à l'envi sous ses drapeaux, et réunis aux débris de l'ancienne milice ils formèrent bientôt une troupe imposante composée uniquement de montagnards Valdôtains.

Tandis que F. Chamonin préparait à sa patrie de vaillants défenseurs, divers bataillons piémontais arrivaient à Valgrisenche.

On était aux premières semaines du mois d'avril. Un régiment de la *marine* prenait possession du Col du Mont, un autre de l'arme dite *Verceil*, occupait Fornet. Au Col du Mont, les soldats furent longtemps occupés à déblayer les tranchées faites l'année précédente, mais au fur et à mesure qu'ils travaillaient, la tourmente travaillait de son côté et ramenait la neige qu'ils enlevaient. A une petite distance du Col du Mont, sur un promontoire appelé *Croix de l'Enseigne*, un détachement de soldats fut placé pour faire sentinelle aux alentours.

Entre la *Croix de l'Enseigne* et le Col du Mont, il y a un petit plateau que les montagnards nomment *Plan de l'Eglise*. A ce lieu, se rattache un gracieux souvenir et un touchant témoignage de la foi du Valgrisain. L'origine de ce souvenir se perd dans la nuit des âges et selon toute apparence, remonte à l'époque où Valgrisenche n'avait pas encore d'église. Ses habitants étaient obligés, s'ils voulaient entendre la sainte messe d'aller les uns à Arvier, les autres à Avise, de parcourir ainsi une distance de cinq à six lieues à travers les rochers, les bois et les ravins, par de vrais sentiers de chamois. Cette longue et pénible course, possible à la rigueur pour les habitants des hameaux les moins élevés, était absolument impossible pour les bergers confinés au pied des glaciers et perdus sur le faîte des montagnes.

Cependant ces chrétiens primitifs ne peuvent

se résigner à passer tout l'été sans prendre part aux saints mystères. Que font-ils ? A quelques minutes du Col du Mont, ils ont remarqué un plateau d'où l'on aperçoit au loin le clocher et l'église de *Villaroger* (Tarentaise). Ils vont prier le Curé de Villaroger de faire hisser un drapeau, au moment de commencer la sainte messe, de le faire abaisser à la consécration, et ôter à la fin du saint sacrifice.

Cette prière est accueillie, et depuis lors les bergers Valgrisains sont fidèles au pieux rendez-vous. Chaque dimanche et chaque jour de fête, ils se rassemblent au Col du Mont, en ce lieu qu'on nomme aujourd'hui *Plan de l'Eglise*: et là les yeux fixés sur le clocher de Villaroger, ils s'agenouillent, font le signe de la croix et prient avec ferveur quand le drapeau s'élève ; ils inclinent leur front jusqu'à terre et adorent profondément quand le drapeau s'abaisse, se lèvent et se retirent faisant un dernier signe de croix quand le drapeau disparaît.

Foi de nos pères que vous étiez ingénieuse et touchante ! Avec quelle rapidité vos prières devaient monter au ciel de ce sommet qui le touche ! La voûte de votre temple était le firmament, sa lumière le soleil du matin, son ornement le vert gazon entouré de blanches neiges, et son encens le parfum des violettes.

Aux premiers jours de mai 1795, Valgrisenche vit accourir troupes sur troupes. Le 2 mai, arrivait un régiment de *Vercellais*, quelques jours plus tard un bataillon de ces mêmes soldats, puis venaient six compagnies de *Grenadiers royaux*. Ces troupes jointes à celles qui étaient arrivées au mois de mars, et aux Chasseurs, formaient une petite armée capable de tenir tête à l'ennemi. Les Français campés sur le versant opposé ne leur laissèrent pas un seul instant de repos. André Chamonin assure que pendant les premières semaines de mai, les attaques furent incessantes et les alertes continuelles. Les Piémontais se défendirent bien jusqu'au 12 mai 1795, date néfaste et honteuse pour quelques-uns de leurs officiers.

Le comte *Cravin* était alors commandant du Col du Mont : maître de ce poste important, il disposait de trois canons que cent hommes de La-Salle y avaient transportés, et des bataillons de *Verceil*, les plus nombreux de tous. Le colonel *Mayon* était commandant général de Valgrisenche et tenait entre ses mains la haute direction des troupes. Les Chasseurs ayant à leur tête le brave *François Chamonin*, occupaient la gauche du Col du Mont, et les soldats de la Marine la droite. A deux heures du Col du Mont, au village de Surrier, était placé le comte *Suxan* avec ses braves Grenadiers.

En voyant cette disposition on se demande

involontairement pourquoi les plus vaillants guerriers piémontais et leurs meilleurs capitaines, tels que le comte *Suxan* et *F. Chamonin*, sont placés aux derniers postes ? Est-ce jalousie ? Est-ce défaut de capacité du colonel *Mayon* chef de l'armée ? Est-ce peut-être parti pris de *se laisser défaire* ? Que le lecteur examine et juge.

C'était le 12 mai. Une froide bise soufflait au Col du Mont et quelques légers nuages le couvraient. Le comte Cravin, sous prétexte de mauvais temps fait retirer les sentinelles ; quelques heures après, les Français, moins douillets qu'eux, arrivent au Col du Mont, s'emparent des magasins, des armes et de toutes les cabanes. Le comte *Cravin* et ses soldats n'opposent aucune résistance ; les uns se laissent faire prisonniers, les autres fuient devant un ennemi qui ne se donne pas la peine de les poursuivre. A droite du Col du Mont, les soldats *de la marine* ne donnent aucun signe de vie.

Seules les sentinelles des Chasseurs jettent le cri d'alarme. F. Chamonin harangue sa troupe et la fait marcher sur le Col du Mont, persuadé d'y trouver les Piémontais et de partager avec eux, la gloire et les périls d'un sanglant combat. Mais quoi ! Le Col du Mont est pris... le comte *Cravin* et sa troupe ont disparu comme la fumée... la *Marine* à droite est immobile.

F. Chamonin essaie d'engager une bataille

inégale, quelques uns des siens tombent aux mains des Français ; les Piémontais de droite ne font pas un seul mouvement pour le secourir. Voyant enfin qu'il mène ses braves à une boucherie certaine, il se replie à gauche, traverse d'horribles précipices et se met à couvert du feu de l'ennemi.

Au même instant, les troupes piémontaises campées à *la Croix de l'Enseigne* mettent le feu à leurs magasins et s'enfuient en désordre. Témoins de cette fuite, les soldats de Fornet et de la Grande-Alpe semblent croire à une déroute générale, et suivent les autres fuyards.

Cependant quelques Chasseurs arrivent après mille peines, au camp des Grenadiers-royaux qui seuls ne fuient pas. Que se passa-t-il entre eux ? On sait que le comte *Suxan*, après cette entrevue, rassembla incontinent ses guerriers, et guidé par les Chasseurs, marcha en toute hâte sur le Col du Mont.

CHAPITRE Vme

Paille qui ne brûle pas — Retour des Piémontais à Valgrisenche immédiatement après la trahison du 12 mai — Bataille de la *Comba* (petit vallon) de *Sarraux* — Victoire des grenadiers et des chasseurs — Village de l'église fortifié — Troupes piémontaises prenant leur quartier d'hiver à Valgrisenche — Les français brûlent les cabanes du Col du Mont — Fin de l'année 1795.

A peine arrivé à *Léclusaz*, le comte Suxan reçoit l'ordre de rétrograder avec sa troupe et de mettre le feu à tous les magasins qu'il trouvera sur la route. Ainsi ce brave ne put verser son sang pour laver la tache qui souillait son pays.

Les grenadiers et les chasseurs rebroussent chemin, mais à regret ; ils brûlent derrière eux le pont du *Chantelet* et celui de *Surrier*, et jettent des torches enflammées dans tous les magasins. Les ponts brûlèrent, les magasins restèrent intacts. *Grâce au bon Dieu*, dit André Chamonin, *et par la protection de la Sainte Vierge notre bonne patronne, le feu ne prit nulle part, quoique les troupes fissent leur devoir ; des torches de souffre, des mèches de deux à trois pieds de long ont été mises dans les magasins de la paille, on aurait dit qu'on les mettait dans un bassin rempli d'eau.*

Les magasins étaient en général placés au milieu des villages, et les brûler c'était brûler des villages entiers et réduire à la dernière détresse leurs malheureux habitants. Dieu eut pitié de ce pauvre peuple et la Sainte Vierge le couvrit de sa protection.

Quand le comte *Suxan* vit que la paille même résistait aux incendiaires, il fit de suite partir sa troupe et resta le dernier *pour ne laisser aucun, vu que c'était un trés-brave homme*, ajoute André Chamonin.

Les grenadiers se retirèrent au chalet de *Plonta*, et bivouaquèrent toute la nuit de sommets en sommets. Valgrisenche ainsi abandonné par ses derniers défenseurs s'attendait d'heure en heure à l'apparition des Français et tremblait à la pensée des horreurs qu'ils pourraient commettre. La crainte était si grande, parmi les malheureux montagnards, que pas nn seul d'entre eux ne songea à s'emparer des provisions délaissées par les Piémontais. Tous les magasins étaient ouverts, mais *aucun n'a été voleur du bien du roi*, dit naïvement André Chamonin, *on avait assez de bien pour le voir prendre à l'ennemi*. Les femmes et les enfants se réfugièrent dans les bois, les hommes se mirent en foule à la suite des troupes fugitives et la plupart des maisons restèrent désertes.

Mais contre l'attente générale, les Français ne bougèrent pas du Col du Mont et perdirent par leur inertie le fruit de toutes leurs fatigues précédentes. Les grenadiers, enhardis par cette faute, reparurent aussitôt à Valgrisenche et s'avancèrent jusqu'à la Grande-Alpe à deux heures du Col du Mont. Les chasseurs prirent non loin d'eux possession de *Larollaz*. C'était le 14 mai 1795, deux jours seulement après la trahison du comte Cravin.

A la vue de la bravoure indomptable des Grenadiers et des Chasseurs, les autres Piémontais s'arrêtent dans leur fuite. Ordre leur est donné de retourner sur leurs pas et d'occuper tous les postes qui n'étaient pas aux mains des Français. La *Marine* campe à l'Alpe-Vieille, chalet situé au levant du Col du Mont, *Verceil* occupe le chef-lieu et passe ainsi du premier poste au dernier. Ce n'était que justice. Des sentinelles sont placées sur tous les sommets qui dominent les positions des Français. L'une est au *Grand Chantel*, une autre au *Plan-Roché*, une autre à une petite distance du Col du Mont. Plusieurs sentinelles veillent à la *Grande-Alpe*, cinq au *Carré*, non moins au *Vaudet*.

Depuis le 14 mai jusqu'à la moitié de juin, des combats partiels ont lieu presque tous les jours; entre les Français d'un côté, les Grenadiers et les Chasseurs de l'autre. Après ces escarmouches, les paysans Valgrisains allaient avec des brancards chercher les blessés.

Les chasseurs et les Grenadiers fatigués de ces luttes stériles se décident à prendre eux-mêmes l'offensive et à provoquer une bataille décisive. Au bas de *la Comba (*petit vallon) *de Surraux*, les Français avaient un camp important et fourni de toute espèce de provisions. Le Col du Mont s'alimentait là de vivres, d'armes et d'hommes. Nos braves jurent de s'en emparer.

Le 25 juin, à six heures du soir, par un temps très nuageux, ils partent du *Vaudet.* Les Chasseurs sont à la tête et servent de guide. A leur suite, marchent 38 paysans portant les uns de l'eau-de-vie pour les combattants, les autres des brancards pour transporter les blessés. Arrivés à une petite distance de l'ennemi, les Chasseurs et les Grenadiers se divisent en deux colonnes, dont l'une marchera à droite, l'autre à gauche du vallon s'efforçant de prendre les Français entre deux feux. Celle de droite exécute à merveille tous ses mouvements, mais celle de gauche malgré sa diligence, arrive trop tard.

Les français à moitié surpris, soutiennent l'attaque pendant quelques heures, puis découragés abandonnent le camp et se retirent à l'extrémité du Vallon, laissant aux Piémontais quelques prisonniers et des provisions. — Ce fut le dernier combat de l'an 1795.

Tandis que les grenadiers et les chasseurs affrontaient tous les dangers, les autres troupes piémontaises au lieu de marcher au feu s'occupaient à fortifier le village de l'Eglise. Elles roulèrent des quartiers de rocher, aplanirent des terrains, environnèrent le chef-lieu de redoutes et de retranchements qui coûtèrent des fatigues et des sommes énormes. *Le tout, observe André Chamonin, n'a pas valu un centime.* Ils ne savaient donc pas ces fuyards du Col du Mont, qu'au sommet des Alpes, les meilleurs retranchements sont de *bonnes épées* et de *bons bras ?*

Au mois d'août et de septembre, les Piémontais firent encore de grands préparatifs pour passer l'hiver à Valgrisenche. La *Marine* et même le *régiment de Verceil* se résignèrent pour cette fois à subir jusqu'à la fin les rigueurs de la montagne. Leur quartier d'hiver fut au village des *Uselières* et au chef-lieu. Les chasseurs toujours aux postes les plus difficiles, furent placés au *Chantelet* et à *Fornet*.

Les Français restèrent au Col du Mont jusqu'au 20 novembre 1795. En ce jour, on vit de grands feux sur la montagne, les Français brûlaient leurs cabanes et se retiraient. La même semaine, l'infatigable comte *Suxan* avec ses grenadiers et le brave *François Chamonin* avec ses chasseurs, vont reconnaître le poste abandonné. Ils n'y trouvent que les nombreux retranchements construits par les Français.

De retour de cette excursion, le comte *Suxan* prie le syndic de Valgrisenche de rassembler ses paysans. Une fois les paysans rassemblés, les chasseurs et les grenadiers se joignent à eux et tous armés de pioches, de pelles, de barres de fer, se dirigent vers le Col du Mont. Le comte *Suxan* est à leur tête. Encouragée par son exemple, cette troupe brave joyeusement le froid, les brouillards qui l'enveloppent et les glaces qui recouvrent son chemin. Elle arrive au Col du Mont vers le milieu du jour. Le comte *Suxan* donne l'orde de détruire tous les retranchements.

Soldats et paysans se mettent à l'œuvre, frappent de grands coups, travaillent avec ardeur. Mais leurs coups et leurs travaux sont inutiles, les retranchements tiennent bon. Le comte *Suxan* ordonne de redoubler d'efforts. Hélas ! les pauvres ouvriers sont bientôt à bout de forces, la *tourmente* glace les gouttes de sueur qui coulent sur leur front, et les barres de fer tombent de leurs mains. Suxan a beau élever la voix et commander avec autorité, les paysans et les soldats prennent la fuite et ne s'arrêtent que près des feux allumés à la Grande-Alpe. Le capitaine resté seul est obligé de faire comme les autres.

Les retranchements du Col du Mont étaient carrés, hauts de dix pieds, tous remplis de terre et recouverts de fortes planches de bois. *Tout cela serré ensemble par le gelure* (gel) *et le temps cretique*, dit André Chamonin, les rendait indestructibles. Les derniers mois de l'an 1795 se passèrent sans autre incident remarquable.

CHAPITRE VIme

Année 1796 — Le chevalier Avograde, pour la seconde fois à Valgrisenche, est nommé commandant de la vallée — Col du Mont, préparatifs, souffrances des soldats et des ouvriers — Bonaparte à Nice, en Piémont — Déroute générale des Piémontais — Mois de mai... la paix — Valgrisenche revoit quelques années de tranquillité.

Dès les premiers jours de l'an 96, Valgrisenche regorgeait de soldats. Les bataillons de Verceil, la marine, les grenadiers et les chasseurs occupaient ses vallons et ses cols étroits, lorsque de nouvelles troupes vinrent se joindre à celles que je viens de mentionner. Le colonel Avograde, le même qui remporta sur le commandant *Bernard* la victoire dont nous avons parlé, à propos du 15 mai 1794, marchait à leur tête. Il revenait investi par le roi de Piémont du commandement supérieur de toute l'armée. Par ce choix, Victor-Amédée III espérait-il réparer les fautes commises, l'année précédente par le colonel Mayon et le comte Cravin ? On peut le conjecturer. Avograde se montrera digne de sa confiance. L'activité et le courage dont il fera preuve, nous feront pardonner au roi d'avoir voulu que deux braves comme *François Chamonin et le comte Suxan* ne fussent que ses lieutenants.

Cependant le mois de mars arrivait. La neige était haute encore sur les montagnes : à mesure que quelques rayons de soleil la faisaient fondre, d'épais nuages la ramenaient plus glacée et plus abondante. Malgré ce temps rigoureux, Avograde ne laissa pas ses soldats oisifs. Il les promena si longtemps au milieu des glaces et des neiges, leur fit braver tant de souffrances et de dangers qu'on a peine à s'imaginer comment ils ne désertèrent pas tous.

Par son ordre, les chasseurs qu'on retrouve invariablement dans toutes les entreprises périlleuses, vont plusieurs fois reconnaître le Col du Mont, et chaque fois le trouvent inoccupé. On devait s'y attendre. Les Français étaient trop peu accoutumés aux excessives rigueurs des

Alpes pour se résoudre à s'ensevelir sous deux à trois mètres de neige. Le colonel Avograde plus audacieux forma le dessein d'y mener immédiatement ses troupes.

Etablir un camp à cette hauteur ; par cette saison... occuper ce sommet sauvage où tous les objets nécessaires à la vie manquent du premier au dernier ; c'était un projet hardi. Plus il est étrange, plus Avograde s'acharne à le faire réussir. Il fait appel aux ouvriers de la plaine et de la montagne ; le 25 mars, Valgrisenche en voit arriver par centaines, et aussitôt les travaux commencent.

Soldats, paysans, menuisiers, bûcherons rivalisent d'ardeur. On prépare le bois, la paille, les planches, les tentes, les vivres, en un mot toutes les choses absolument indispensables au séjour des troupes sur un sommet tel que le Col du Mont presque au cœur de l'hiver. Les préparatifs achevés, tous ces hommes se mettent en marche vers la montagne.

C'était le 27 mars 1796, précisément le jour de Pâques. Une vingtaine de paysans tracent le chemin, les autres suivent chargés, qui de fagots de bois, qui de paille, qui de hardes, qui de provisions. Une froide bise soufflait sur le visage des porteurs et parfois emplissait leurs yeux d'une fine poussière de neige. Le convoi s'avançait à pas lents et s'étendait de la Grande Alpe au Col du Mont.

C'était un triste voir, s'écrie à cet endroit André Chamonin, *les uns avaient les pieds gelés, les autres les mains, et les fêtes de Pâques, l'église de Valgrisenche était presque sans hommes. Tous étaient occupés au service royal.... Ce fut les plus fortes détresses de toute la guerre.* Les soldats placés au Col du Mont eurent plus à souffrir encore. Ils étaient obligés de coucher presque à la belle étoile, les guêtres attachées aux souliers couverts de neige, le pain dont ils se nourrissaient était gelé. Chaque six jours cependant ces pauvres militaires étaient remplacés par d'autres qui venaient à leur tour subir ce martyre qui se prolongea du 27 mars à la fin de mai.

A cette époque, un ennemi plus redoutable tombait sur les bras du roi du Piémont. Bonaparte sorti de Paris le 24 mars 1796, arriva à Nice le 27. « Il n'y trouva, dit le chevalier « Artaud, au lieu de 60,000 combattants bien « organisés qu'on lui avait promis qu'une ar- « mée de 30,000 hommes mal approvisionnés « et à peine vêtus, mais braves et disaient-ils « assurés de vaincre. L'armée coalisée austro- « sarde est repoussée. En quinze jours, le gé- « néral remporte six victoires, prend vingt et « un drapeaux, cinquante pièces de canon, fait

« dix-sept mille prisonniers et s'empare de la « plus grande partie du Piémont. Une procla- « mation annonce qu'il est venu rompre les fers « de l'Italie ». (Histoire d'Italie, pag. 353).

Le roi de Piémont menacé de tous côtés, à demi vaincu sur tous les points, sollicite la paix. Le *comte de Revel* qui en ce temps commandait sur les Alpes un corps de troupes, est chargé de négocier en son nom. *La paix arriva !* s'écrie hors de lui-même André Chamonin. *Oui la paix! la paix !* Les soldats du Piémont quittèrent immédiatement Valgrisenche, le Col du Mont et les autres montagnes qu'ils défendaient. Les Chasseurs rendirent les armes sur la place publique du chef-lieu de Valgrisenche avec serment de ne plus les porter contre les Français.

Les Valgrisains purent cette fois respirer à l'aise. Les hommes de guerre avaient enfin disparu. En peu de temps, les maisons incendiées furent rebâties, les champs abandonnés cultivés, et les chalets à demi ruinés remis à neuf. Les années 1796, 97, 98 arrivant après trois années de détresse et de batailles parurent excellentes.

Toutefois il ne faudrait pas s'imaginer que la paix des esprits se soit établie par le fait même. La révolution française ne pouvait être ni un mouvement particulier à un peuple, ni un mouvement particulier à une époque restreinte.

Après un siècle, elle n'est pas arrivée à la moitié de sa route, à plus forte raison ne pouvait-elle être enrayée à son début. C'est pourquoi nous voyons que même dans nos montagnes la paix signée en 1796 ne pacifia pas les esprits. Les mécontents, surtout les ennemis du régime absolu, étaient nombreux dans notre classe lettrée. Il y avait intelligence entre eux et les républicains de France. De son côté le gouvernement du petit Piémont épiait les trames, suivait à la piste les conspirateurs. Déjà on avait exécuté le chevalier Saint Amour et Mesurier qui avaient livré aux français Nice et le col de Tende. On finit aussi en 1797 par découvrir quelques valdôtains qui entretenaient des relations secrètes avec Paris. Furent signalés, entre autres, Chantel et Junod d'Avise. Après un procès sommaire, ils furent exécutés à Turin en 1797, comme l'a noté déjà M. Oyen Mellé dans son *Opuscule sur la viabilité dans la Vallée d'Aoste*. De 1796 à 1801, il s'est passé chez nous certains drames qui, malgré ce petit livre, resteront enveloppés d'un mystère. Celui qui jettera là-dessus quelque lumière ferait une œuvre intéressante et patriotique. Peut-être M. *Tancrède Tibaldi* qui est un chercheur intrépide pourrait-il arriver à d'heureux résultats. Ses publications le laissent conjecturer.

CHAPITRE VIIme

Notre Roi abdique et part pour la Sardaigne — Les républicains français établissent dans le Piémont un gouvernement provisoire — Sort des blasons de la noblesse — Nouvelle municipalité à Aoste — Les arbres de la liberté — Triomphe complet à Aoste des républicains — Bûcher dressé sur la place Saint-François, aujourd'hui Charles-Albert — Réaction royaliste — *Notre premier régiment des Socques.*

Les Français avaient constitué la république Cisalpine avec Milan pour capitale ; mais ils comprenaient sans peine que cette république ne serait viable qu'à la condition de n'avoir pas un ennemi dans le Piémont, et à leurs yeux le Piémont ne pouvait être ami d'une république qu'autant qu'il deviendrait républicain. Aussi, dès le milieu de l'an 1798, nous voyons les Français recourir à divers artifices pour mettre poliment à la porte notre infortuné roi Charles-Emmanuel IV qui avait succédé, en septembre 1796, au roi Victor-Amédée III. Ils commencèrent par obtenir de lui la cession de la citadelle de Turin, puis le licenciement de ses meilleures troupes. Cela fait, au mois de novembre 1798, ils s'emparèrent, sans alléguer de motifs, de Chivasso, Suse, Novare, Alexandrie, faisant prisonniers tous les chefs de ces places. Plus tard, à la faveur de la nuit, ils enlevèrent Verceil. Pour couronner tous ces actes, le général français Joubert s'introduisit nuitamment, le 8 décembre 1798, dans le palais de Charles-Emmanuel IV, lui signifiant ou de se constituer prisonnier, ou de se retirer en Sardaigne. Le Roi accepta cette dernière alternative, et fut obligé d'adresser à son peuple un manifeste où il disait dans le 1r article : « Sa Majesté déclare renoncer à l'exercice de tout pouvoir, et ordonne à tous ses sujets quels qu'ils puissent être d'obéir au gouvernement provisoire qui va être établi par le général français. »

Par suite de ces dispositions, la famille royale de Savoie s'embarqua, le 24 février 1799, après un séjour à Parme, pour la Sardaigne dans le port de Livourne sur un gros bâtiment ragusain. Charles-Emmanuel IV quoique très-malade s'était décidé à ne point perdre de temps en route. Les personnes de sa suite firent voile sur trois navires; hélas ! le nombre des fidèles serviteurs était très-restreint. Quant à la vertueuse reine Marie Clotilde, elle n'avait qu'une seule femme de chambre, mademoiselle Sterper, qui était belle mais sourde.

Tandis que la Maison de Savoie était ainsi dépossédée, Joubert, au nom de la république française se hâtait de créer un gouvernement provisoire en Piémont. Par deux décrets successifs il appela à en faire part une vingtaine de citoyens parmi lesquels nous remarquons le général *Cerise* valdôtain, et le célèbre historien *Charles Botta*.

Nous n'avons pas à suivre le gouvernement provisoire dans son action sur le nord et le centre de l'Italie, de grands historiens l'ont fait ; pour nous ce n'est qu'en rentrant dans notre petit pays que nous écrirons quelque chose de nouveau. Le premier acte du gouvernement provisoire chez nous fut de féliciter le peuple par un manifeste de le voir délivré de la tyrannie et du despotisme des Rois. Par une loi du 10 déc. 1798, on déclara abolis les privilèges, les armoiries, les insignes des seigneurs, vassaux et nobles ; puis on ordonna que dans toutes les villes, communes et bourgs, on eût à ériger sans délai un arbre de la liberté qui serait mis sous la sauvegarde de la garde nationale, obligée d'y maintenir nuit et jour des factionnaires, le fusil au poing. La garde nationale était recrutée de tous les hommes valides depuis l'âge de 18 ans jusqu'à 45 ; ni les prêtres, ni les religieux n'étaient exemptés de ce service. Le gouvernement provisoire restreignit aussi la puissance ecclésiastique aux causes purement spirituelles. Mais là où il tombait dans le ridicule c'était lorsqu'il exigeait que tout le monde portât une cocarde aux couleurs bleue, blanche et rouge. Et il n'y avait pas à badiner sur cette exigence, car les sentinelles qui veillaient au pied de l'arbre de la liberté devaient interdire la route à quiconque ne portait pas ce signe.

Le gouvernement provisoire fit aussi procéder dans chaque commune à la nomination d'une municipalité, dont les membres étaient connus sous le nom de *municipaux*. Le 3 janvier 1799 fut élue la municipalité d'Aoste, dans la personne de Messieurs Christillin, avocat, ancien procureur fiscal du Roi, Chantel chanoine théologal de la cathédrale, L. Martinet avocat, Rebegliatti avocat, Revillod, et Laurent notaire. Cette nomination se fit au milieu de la place de Saint François et au pied de l'arbre de la liberté, avec un grand concours de peuple. L'Evêque et le clergé furent invités à cet acte civil et y assistèrent en effet. L'avocat Christillin fut élu président de la nouvelle municipalité, la devise de sa charge était comme aujourd'hui l'écharpe tricolore qu'on portait non pas prosaiquement en ceinture, mais de l'épaule droite au côté gauche.

L'arbre de la liberté sous lequel eut lieu l'élection des municipaux avait été planté le 14 décembre 1798, aux sons d'une musique enthousiaste, au milieu des vivats d'un peuple plein de confiance dans l'avenir. A cette occasion, on dansa sur la place, puis on prononça un discours patriotique où la tyrannie était honnie et la liberté applaudie. L'orateur d'Aoste fut l'avocat Carrel. Presque dans toutes les communes il se trouva des orateurs improvisés, parfois très-primitifs et très pittoresques. Nous savons par exemple que Verrès, Etroubles, Valtournenche, Ayas eurent les leurs. On montait sur une table, le bonnet rouge en tête, le visage en feu et dans une langue entre le patois et le français, on débitait une Philippique.

Dans la première quinzaine de janvier 1799 arriva dans la vallée d'Aoste le décret par lequel le gouvernement provisoire de Turin supprimait toutes les dîmes ecclésiastiques, tous les droits d'étoles, blanche et noire, avec un avis aux ministres de la religion de s'attacher aux principes républicains, de prêcher l'obéissance aux lois et l'amour de la patrie. Ces décrets mirent en fête les républicains de notre ville, qui organisèrent sur le champ une grande démonstration. Le 15 janvier, la place Saint François, au milieu de laquelle s'élevait l'arbre de la liberté, était pavée d'une foule aux couleurs bizarres, les fenêtres, les balcons regorgeaient de têtes. Voici qu'à un moment donné parait à un angle un âne chargé des armoiries, des patentes des nobles de la ville et des communes, et marchant au son des instruments. Sur la tête du baudet on avait placé une vénérable perruque, sur la croupe un manteau noir, à droite et à gauche pendaient un sabre avec les portraits du roi, de la reine et des princes. La foule qui encombrait la place Saint-François s'ouvrit pour faire ailes à ce cortège qui se promena dans toutes les rues de notre ville, au milieu des battements de mains, des huées et des éclats de rire. Une fois la mise en scène terminée, on revint sur la place où l'on avait préparé un grand bûcher qu'on alluma et dans lequel on jeta pêle-mêle tout le bagage de maître Aliboron (1).

C'était, comme on le voit, la lune de miel des républicains et un commencement de re-

---

(1) Une bonne partie des détails qui précèdent sont tirés d'un manuscrit ayant pour titre : *Relation et mémoire de tous les évènements arrivés soit dans les Etats du Piémont, soit dans le Duché d'Aoste depuis l'ouverture de la guerre à jamais mémorable et trop funeste et désastreuse pour en perdre le souvenir à la fin du 18e siècle.* Nous devons la connaissance de ce manuscrit qui est certainement l'œuvre de l'archiprêtre Frutaz, à l'obligeance de M. le chanoine A. Marguerettaz si versé dans l'histoire de notre pays. On trouvera à la fin de la troisième partie de la *Terreur* une notice sur l'archiprêtre de Gignod, M. François Frutaz. Pour majeure brièveté, nous citerons parfois son travail par ces mots : Le *Mémoire*, ou le *manuscrit*, de *l'archiprêtre*.

vanche contre les classes qui avaient régimenté la vieille société. Mais nous allons voir qu'avant de mourir, cette société tenta chez nous quelques efforts d'agonie. Le lecteur devine que nous allons parler du *premier régiment des Socques*.

II.

Deux sentiments, selon qu'ils prédominaient dans les cœurs, se partageaient alors, parmi nous, les esprits. D'un côté, l'attachement à notre vieille dynastie, la haine d'un gouvernement étranger, le dévoûment à la religion dont le mépris inepte semblait dans le programme des français, groupaient la masse de nos campagnes, et divers hommes distingués par leurs talents et leurs vertus, tels que l'avocat Anselme Réan, plus tard Intendant général, le commandeur Sébastien Lynty de Gressoney, l'avocat Rebogliatti ; d'un autre côté, certains graves abus qui minaient lentement l'ancien régime, la prépotence des castes privilégiées, le nom magique de *liberté*, le vague pressentiment d'un nouvel ordre de choses qu'on rêvait plus en harmonie avec les aspirations de l'âme humaine, groupaient dans la ville, les bourgades et la plupart de nos communes, les lettrés, les têtes entreprenantes et souvent des cœurs généreux. Parmi eux, on distinguait les citoyens Cerise et Laurent Martinet, plus tard l'un maire, l'autre Sous-Préfet d'Aoste, l'archidiacre Defey et le père Favre cordelier.

De part et d'autre il y avait des aspirations nobles et légitimes quoique mêlées souvent à des préjugés malheureux. Nous avons l'espoir que dans un avenir prochain, une réconciliation s'opèrera, non pas entre la *religion et la liberté* qui dans leur essence ne furent désunies jamais, mais entre les hommes de religion et les hommes de liberté sincères. Inévitablement on cessera de se lancer des regards de fauve, comme on a cessé à peu près de s'égorger. Mais en 1799, le conflit était à l'état aigu, et de ce conflit de principes et de sentiments sortit tout juste notre premier régiment des Socques. Les jacobins avaient, dès l'an 1796, abusé de la puissance, comme cela arrive dans tout mouvement réactionnaire ; surtout ils avaient trop exaspéré les sentiments religieux des bons valdôtains. Aussi, quand les partisans de l'ancien régime virent, en 1799, les troupes austro-sardes reprendre l'offensive contre les sans-culottes, leurs convictions longtemps refoulées éclatèrent. Le Canavais travaillé par les Royalistes s'était soulevé ; chez nous l'étincelle du mouvement partit de Donnas où les paysans insurgés, abattirent l'arbre de la liberté, vers les premiers jours de mai 1799. A cette première troupe, vinrent se joindre les paysans de Champorcher conduits par le prêtre Nicolas Gontier, ancien recteur du Petit-St-Bernard, le même que nous y avons vu chassé par les français en 1795, et qui mourut curé de Charvensod en 1831. Ses vieux paroissiens parlent encore de son esprit d'austérité, de pénitence.

Le prêtre Gontier, suivi d'une cinquantaine de paysans des plus déterminés, se présenta au fort de Bard, vers la nuit tombante du 3 mai 1799. On somma la sentinelle qui gardait le pont levis de céder le passage, sous peine d'être fusillé sur le champ. La sentinelle surprise et voyant les armes à feu dirigées sur elle, livra passage sans mot dire. La troupe de Gontier rencontra plus loin une autre sentinelle qui est sommée avec une égale résolution, et qui cède de même. De là, on atteint le fort en quelques minutes ; personne n'était préparé à la résistance. Le prêtre Gontier demanda d'être introduit auprès du commandant qui s'appelait Demarguin. Bien escorté, il pénètre dans une chambre où le commandant prenait tout juste son souper. — Commandant, lui est-il dit, toute résistance est inutile ; nous vous demandons les clefs du fort. — Le capitaine répondit par quelques paroles embarrassées, puis, réflexion faite, il ordonna d'apporter les clefs qu'il remit aux Socques sur un *plat de faïence*.

Le prêtre Gontier offre assez le type du Champorcherain, vif, rapide dans ses mouvements, exalté, généreux, se battant pour une idée qui, règle générale, part plus de son cœur que de sa tête. Quelle vie dans ces montagnards de taille moyenne, mais bien prise, aux jarrets d'acier, aux muscles imprégnés de vif argent, à l'œil franc, ouvert, animé, à la tête sujette à des mouvements subits vers les hauteurs à la façon des bouquetins, au verbe spontané, pittoresque! Il est facile de voir que le fond d'un tel caractère peut être aisément égaré par quelques enthousiastes ; c'est ce qu'on a vérifié dans les régiments des Socques de 1799, de 1801, et de 1853, [où les Champorcherains eurent toujours leurs représentants.

Pour revenir à 1799, la réussite du coup de main sur le fort de Bard enhardit les réactionnaires; le tocsin retentit dans toutes nos paroisses; on répétait au milieu de nos montagnes que les français venaient de perdre les forts de Coni, d'Alexandrie, et la citadelle de Turin, que le fort de Bard s'était rendu. L'occasion était favorable de tenter une revanche en faveur de la Maison de Savoie et de l'ancien régime. Les républicains ont affirmé que les aristocrates, les réfugiés Niçards et Savoisiens, divers membres du clergé soufflaient dans les passions populaires, et il serait difficile de leur donner un démenti solide. Quoiqu'il en soit, le régiment des Socques grossissait à vue d'œil et bientôt il atteignit le chiffre respectable de six mille hommes. En passant par Verrès, le 4 mai 1799, il y renversa l'arbre de la liberté, et continua sa route donnant la chasse aux jacobins. Dans la nuit du 6 au 7 mai, les Socques arrivèrent á Aoste ayant à leur tête le chevalier *Jaillet*, savoyard. On y procéda à l'arrestation immédiate de tous ceux qui étaient réputés comme jacobins. Il est hors de doute que la fureur aveugle des partis y mit peu de discernement, car le nom de *jacobin* était jeté à la face de quiconque n'était pas l'admirateur sans restriction du gouvernement dit du bon plaisir. C'est ainsi qu'on arrêta l'archidiacre Defey, le père Favre Cordelier, et un troisième ecclésiastique que nous croyons être le théologal Chantel. Une partie des prétendus jacobins furent conduits à la Tour rouge d'Ivrée; puis on abattit l'arbre de la liberté qu'on remplaça par une croix solennellement bénite par l'évêque Solar.

Nous avons parlé dans ce chapitre de l'agitation qui travaillait les esprits chez nous, et se disputait la prépondérance. Les jacobins, selon le mot qui distinguait les libéraux de cette époque, se faisaient remarquer par leur activité. Ils avaient leurs chefs, leurs adhérents, leur correspondance. A ce propos, nous raconterons un fait qui doit remonter à l'an 1799.

Dans la cité d'Aoste, nous avions alors un chirurgien de Cogne nommé C... On prétend qu'il était affilié aux loges maçonniques qui lui prêtaient main forte et l'employaient au besoin. Un jour le chirurgien C... rencontre dans les rues de notre ville certain B... alors sacristain de l'église de Cogne. *Avant de partir, passe chez moi*, lui dit-il, *j'ai une commission qui presse.* Le sacristain ne manqua pas de passer ; une lettre lui fut confiée avec recommandation expresse de ne la remettre qu'entre les mains du destinataire et cela sans délai.

Le lendemain, à l'aube du jour, le sacristain arrivait à Cogne ; en traversant le chef-lieu, son premier soin est d'aller frapper à la porte du notaire *G...* à qui la lettre était adressée. Notre homme frappe à plusieurs reprises, mais on dormait encore et personne ne répondait. Finalement quelqu'un à demi vêtu se présente à une fenêtre et demande ce que c'est. — Une lettre pressante, répond le sacristain, que je ne puis remettre qu'entre les mains du notaire. Ce dernier qui goûtait le sommeil de la matinée, à son tour fait répondre avec humeur qu'on eût à déposer la lettre importune sur la table d'une petite boutique où lui notaire et certains autres gros bonnets de la Commune avaient l'habitude le matin d'aller prendre ou l'eau-de-vie traditionnelle ou le café qui commençait sa fortune. Ainsi fut fait.

Par hazard, le notaire G... ne se trouva pas le premier au déjeuner ; trois individus le précédent parmi lesquels un qu'on surnommait à Cogne le *Voulpin.* Ils remarquent sur la table la lettre venue d'Aoste et lisent avec une certaine stupeur : *Au citoyen notaire G...* L'adresse était dans le pur style révolutionnaire. On s'interroge et l'on parvient à savoir par qui et comment cette lettre avait été si chaudement recommandée. Quelques soupçons s'élevèrent, et celui des trois qui portait le surnom de *Voulpin* prit bravement la missive et la décacheta ! !

On y lut à peu près ces mots : « *Citoyen notaire, ayez l'œil sur les vases et les objets précieux de l'église de Cogne afin que rien ne soit emporté.* » Le citoyen C...

Ces lignes dans leur laconisme laissaient entrevoir un coup de main préparé dans le cas de certains évènements prévus. A la tête de la paroisse de Cogne se trouvait alors l'archiprêtre *J. Pantaléon Grappein* ; on lui fit part de la singulière missive ; après mûr examen et conseils pris, on jugea prudent de dérober sans délai aux appétits du jacobinisme la proie convoitée.

Durant la nuit, les ornements et les vases les plus précieux de l'église de Cogne furent soigneusement enfermés dans un bahut, et enfouis sur les bords du torrent dit la Grande-Eive. Comme les années de trouble se prolongèrent, on ne put retirer le coffre des bords du torrent que cinq ou six années après l'y avoir caché. Pendant ce temps, l'humidité travailla sur les objets précieux et y fit plus ou moins les injures que le jacobinisme leur réservait. C'est ainsi que l'église de Cogne perdit une partie des richesses qu'elle possédait pour le culte.

Quant au chirurgien C... il faillit un jour payer de la tête sa connivence avec les patriotes. Lorsque les années de trouble furent terminées et que le calme se rétablit en Piémont, il y en eut qui se ressouvinrent de ses menées secrètes. On citait contre lui divers actes qui sentaient la trahison de la monarchie de Savoie, en un mot, la position du chirurgien était gravement compromise. Mais il avait heureusement une compagne dévouée. Foulant aux pieds toute crainte, revêtue d'habits de deuil, la bonne dame alla en personne implorer la clémence royale, qui se rendit à ses larmes.

CHAPITRE VIIIme

Année 1799 — Continuation — Les Austro-Russes chassent momentanément les français — Compagnies autrichiennes et russes à Aoste -- Lutte au Col du Mont — Coup de main fortuné du capitaine Chamonin — Nouvelle tentative des français sur la vallée d'Aoste en septembre 1799 -- Le général Mallet — L'odieuse domination des Austro-Russes.

Notre premier régiment des Socques avait fini comme nous l'avons vu, lorsque le 9 mai 1799 arriva inopinément dans la ville d'Aoste même, une compagnie autrichienne. C'est dire que le Piémont avait été conquis sur les Français par les confédérés Austro-Russes. Cette compagnie grossie d'une multitude de paysans qu'on avait réunis en sonnant le tocsin dans toutes les paroisses, se divisa incontinent pour s'emparer des deux passages du Saint-Bernard. On se borna d'abord à occuper le col de Menouve et La Thuile. Survinrent ensuite plusieurs régiments autrichiens et même quelques compagnies russes. Dans le manuscrit cité plus haut, l'archiprêtre Frutaz écrit avoir vu les Russes *à la place de la porte du Plot, sous des tentes de feuillage ; que leur habillement était vert* ; il ajoute *que ne pouvant soutenir l'ardeur du climat* (on était au mois de mai) les Russes se baignaient tous les jours, le long *de la rive du même Plot*. Après quelques semaines ils furent rappelés. Quant aux compagnies autrichiennes, elles se répandirent dans tout le pays, depuis La-Thuile jusqu'à Ivrée, et depuis Saint Remy jusqu'à la cité.

Quant à Valgrisenche, il nous reste des notices assez précieuses sur les faits d'armes qui s'y passèrent alors. De nouveau les infatigables chasseurs de F. Chamonin sont sur pied et passent du champ paternel au champ des batailles. Un régiment d'Ivrée, un autre de *Bohémiens* se joignent à ces intrépides montagnards et guidés par eux marchent incontinent sur le Col du Mont. On touchait à la fin de mai 1799, les Français qui venaient à peine d'y arriver, y étaient encore mal assis. Les chasseurs et les Bohémiens tombent sur eux avec impétuosité, leur tuent un grand nombre d'hommes, brûlent leurs cabanes et leurs tentes, emportent une partie de leurs provisions.

Cette bataille gagnée, les austro-sardes au lieu de rester au Col du Mont, se retirent au *Chapuis* et à la Grande-Alpe. Les Français plus sages remontent en hâte au poste abandonné, le Col du Mont retombe entre leurs mains sans coup férir. Cette bonne fortune fut cependant contrebalancée par un revers. En effet, d'après

Monsieur Chamonin, archiprêtre de Cogne, un fait d'armes digne d'être signalé, eut lieu immédiatement après le retour des Français au Col du Mont. Quelques chasseurs guidés par François Chamonin, profitant d'un épais brouillard qui se trainait sur la montagne, parvinrent furtivement au Col du Mont, occupé par plus de 300 républicains. Habiles tireurs, ils commencent par abattre toutes les sentinelles, et arrivent au nombre de 40 seulement au camp des Français qui se trouvèrent complètement surpris. Les chasseurs en firent un horrible carnage, jusqu'au moment où le chef des républicains ordonna à ses soldats de poser les armes. En loyaux adversaires, le capitaine Chamonin et le commandant français dinèrent ce jour là même ensemble. Il fut naturellement question de l'heureuse tentative des chasseurs. — Combien étiez-vous, demanda l'officier français, lorsque vous avez surpris notre camp ? — Devinez, répondit Chamonin. — Vous étiez au moins quatre cents ? — Non, nous n'étions que quarante, reprit le digne chef des chasseurs. On assure que l'officier républicain ne put se consoler jamais d'avoir rendu une troupe de trois cents hommes entre les mains de quarante soldats.

A partir de la fin de mai 1799 jusqu'au mois de septembre même année, la domination des Russes et des Allemands fut paisible dans la vallée d'Aoste. Mais ici, nous avons une preuve nouvelle que les gouvernements étrangers sont toujours détestables et détestés. L'archiprêtre Frutaz, quoique très-hostile à la république, a consigné dans son manuscrit les impressions suivantes : « La vallée d'Aoste ne fut pas plus heureuse sous le pouvoir des armées de l'Empereur (de toutes les Russies), que sous le gouvernement républicain. Les fournitures immenses qu'il fallut faire pour l'entretien des troupes autrichiennes appauvrirent tellement le pays que les denrées se vendaient à un prix excessif, outre les usurpations militaires que les particuliers souffrirent dans les lieux où le régiment Kinski était stationné.... Les contributions pour la troupe impériale étaient exigées avec la dernière rigueur, quand même la vallée n'eût recueilli qu'une très-modique récolte ; les vins étaient très-chers, et le peuple malgré les fournitures qui venaient du Piémont, était très-mal traité, au point que les impériaux non contents de leur solde, extorquaient ce qu'ils pouvaient des pauvres habitants et la campagne était à leur disposition, comme un droit acquis ».

L'archiprêtre et le bon André Chamonin se rencontrent là dessus. Il est aisé de comprendre qu'un pareil état de choses devait provoquer le désir de secouer ce joug odieux. Le chroniqueur cité plus haut continue disant :

« Les Français invités par leurs agents qui étaient dans le pays, tentèrent à faire une irruption à laquelle ils réussirent le second septembre 1799, ayant à leur tête le général Malliet (sic) ; ils abordèrent la ville d'Aoste, sans avoir trouvé aucune résistance. »

Sans aucune résistance ! Ce détail est inexact. Nous savons en effet par les manuscrits d'André Chamonin qu'à la Grande-Alpe sur Valgrisenche, le passage fut vivement disputé aux républicains. Racontons en quelques mots ce fait d'armes.

Le 1r septembre 1799, les Français au nombre de trois mille, font inopinément irruption sur le camp austro-piémontais placé à la Grande-Alpe. Le général Mallet est à leur tête (1). Le combat fut long et très-acharné. Les Allemands placés á l'aile droite se battent en désespérés, mais le succès ne répond pas à leur courage ; trop pesants pour guerroyer dans ces pays de chamois ils fléchissent bientôt, leur chef tombe parmi les morts. François Chamonin et ses Chasseurs placés à l'aile gauche, font des prodiges de valeur ; voyant toutefois que la déroute est complète du côté des Allemands, et qu'il est impossible de changer le sort des armes, ils opèrent leur retraite en continuant à se battre.

(1) On trouvera à la fin de cette 2e partie une notice sur le fameux généreux Mallet.

Ils passent le pont des Chèvres, s'arrêtent un instant à *Montforclaz*, puis se réfugient sur les hauteurs de *Plontaz.*

Les Français désespérant d'atteindre ces fiers montagnards, tombent de tout leur poids sur les débris des bataillons Piémontais et Allemands. Ceux-ci fuient en désordre et se laissent en partie faire prisonniers. Tout le vallon est bientôt à la merci du vainqueur, les paysans épouvantés se sauvent dans les bois et abandonnent leurs maisons au pillage. Le lendemain, 2 septembre, les Français quittent Valgrisenche pour voler à la poursuite de ceux qui avaient échappé au désastre de la Grande Alpe, et qui s'étaient réfugiés dans la plaine d'Aoste. Un seul bataillon reste à Fornet de crainte que le brave François Chamonin et ses intrépides chasseurs ne fussent revenus subitement sur leurs pas et n'eussent coupé la retraite aux poursuivants.

Toujours rapides dans leur course, les Français surprirent la ville d'Aoste, ce même jour et mirent en fuite les impériaux qui y commandaient. Le vainqueur, c'est-à-dire, le général Mallet, établit à Aoste un commandant français, certain Morisod, que nous trouvons qualifié *d'homme cruel et inflexible qui se proposait de mettre tout à feu, si on ne lui payait une forte contribution.* Les troupes républicaines poussèrent jusqu'au fort de Bard où s'étaient retranchés les Allemands qu'ils ne purent forcer. Aussi le 29 septembre 1799, les français durent se résigner à une retraite peu honorable.

Le bataillon de soldats français placé à Fornet, après la victoire de la Grande-Alpe, y resta jusqu'au 18 octobre 1799, c'est-à-dire l'espace de deux mois environ. Quelle fut la conduite de ces militaires maîtres absolus de Valgrisenche ? André Chamonin ne dit que ces deux mots : *Les dits Français étaient la plus grande partie du temps sans vivres, et ils ont tiré toutes les pommes de terre du ressort de Fornet et pillèrent tout ce qu'ils pouvaient pour vivre.* Aucun acte de cruauté inutile ni de vandalisme barbare ne leur est imputé.

On raconte que les pauvres soldats allaient parfois se promener dans les chalets ; que les bergères s'empressaient à leur rencontre, leur portaient du pain noir, du beurre et du fromage. Tous ensemble faisaient sur le gazon un frugal repas, puis, les militaires se retiraient en exprimant leur satisfaction et leur reconnaissance: Grâce à Dieu, ils n'étaient plus déjà les Français de l'an 93, 94 ! !

Le 18 octobre, ils se retirèrent en Savoie à la suite de leurs anciens compagnons qui repassaient les Alpes, laissant ainsi le Col du

Mont et le Petit-Saint-Bernard libres. A leur place, les Allemands se hâtèrent de les occuper.

La vallée d'Aoste, théâtre de guerre depuis huit ans, épuisée autant par ses défenseurs naturels que par ses ennemis, tomba cette fois sous une oppression lourde et grossière. Les Allemands ont laissé parmi nous un souvenir plus pénible que les soldats de la Terreur. Si le Français était parfois cruel, il savait au moins adoucir le mal qu'il faisait par des actes de courtoisie et d'amabilité.

Notice sur le général Malet.

Le général Claude-François Malet qui se battit sur nos montagnes en 1799, eut une carrière assez curieuse pour que nous en mentionnions les phases principales. Né à Dôle en 1754, il fit avec distinction les campagnes de la révolution et lorsqu'il parut chez nous il était général de brigade. En 1805, Masséna le nomma gouverneur de Pavie, mais en 1808, Napoléon qui le suspectait à cause de son républicanisme le fit incarcérer à Paris, par mesure de sureté. De sa première prison il fut transféré dans une maison de fous. Là il organisa contre l'empereur une conspiration qui avait pour but de le renverser du trône, et dans laquelle entrèrent avec lui les généraux Guidal et Lahorie. Malet s'échappa de sa prison dans la nuit du 23 au 24 oct. 1812, parcourut les casernes de Paris en annonçant la mort de Napoléon. Il surprit ainsi toutes les autorités en présentant des ordres de sa fabrique ; il était sur le point de réussir lorsque la résistance du général Hulin, qui commandait l'état-major de la place, fit tout échouer. Malet fut traduit devant une commission militaire et fusillé le 29 oct. 1812. Il subit la mort avec courage.

(*V. Bouillet Dictionnaire universel*).

LA TERREUR

SUR LES ALPES

TROISIÈME PARTIE

CHAPITRE Ier

Année 1800 — Napoléon au Grand St-Bernard — Dispositions générales — Passage de Lannes — C. Botta et la traversée du 17 mai 1800 — Transport du matériel de guerre — Episodes.

Dans la première édition de ce livre, je me suis peu étendu sur le passage de Napoléon chez nous en 1800. Croyant que sur ce point tout avait été dit par Thiers si clair et si précis dans sa narration, nous n'avions fait que glisser. Néanmoins en étudiant mieux nos traditions locales, pour le moment tout-à-fait vivantes encore, nous nous sommes aperçu qu'on peut offrir aux valdôtains un tableau plus com-

plet du célèbre passage des Alpes. C'est donc ce que nous allons essayer, en puisant les faits priucipaux dans les illustres historiens A. Thiers et C. Botta, les détails et les épisodes dans la tradition locale.

Avaut de s'engager dans nos montagnes, Napoléon toujours prudent quoique très-hardi, avait chargé de la reconnaissance des Alpes un officier très-habile, le général Marescot. Le Saint Gothard étant réservé pour les troupes venant d'Allemagne, il n'y avait à choisir qu'entre le Simplon, le Mont-Cenis et le Grand-St-Bernard. Comme Napoléon avait formé le projet de surprendre et d'envelopper les Autrichiens en Italie, le passage par le Mont-Cenis ne se prêtait pas à ce plan ; il débouchait sur Turin, c'est-à-dire au milieu des Autrichiens même, trop près d'eux. Le Simplon offrait les inconvénients opposés ; le point de départ de l'armée française étant Lausanne, il fallait pour y parvenir, remonter toute la longueur du Valais. Or, une vingtaine de lieues de plus ou de moins à parcourir ne sont pas indifférentes.

Voilà pourquoi, tous les passages comparés, le général Marescot, chargé comme nous l'avons dit, de la reconnaissance des Alpes, se prononça pour le Grand-St-Bernard, qui débouchait sur Aoste d'abord, puis sur Ivrée et Chivasso, entre les deux routes de Turin et de Milan, c'est-à-dire dans une très-bonne direction pour envelopper les Autrichiens.

Le Mont Joux des anciens fut donc choisi définitivement, et quarante mille hommes, 35,000 d'infanterie et d'artillerie, 5000 de cavalerie, se dirigèrent vers cette montagne célèbre. Naturellement toute cette multitude, ne passa pas en un seul jour, mais successivement, ainsi que nous le verrons.

Quant à Bonaparte, avec cet esprit de prudence qui veille sur tout, et qui prépare les grandes œuvres par les moyens les plus petits, il commença par assurer à ses soldats toutes les commodités possibles dans leur passage à travers nos Alpes. Il fit préparer un hôpital à Saint Pierre, du côté de la Suisse, et á Saint-Remy, du côté d'Aoste, puis lui-même se transporta à l'Hospice du Saint Bernard pour s'entendre avec les religieux.

A ce propos, Thiers et aussi C. Botta rapportent un fait qui ne doit pas être exact. Thiers affirme à la page 115 de *son Histoire du Consulat et de l'Empire* — Bruxelles — 1845 — que Napoléon *avait envoyé une somme d'argent aux religieux du Saint Bernard afin qu'ils pussent réunir une grande quantité de pain, de fromage et de vin.*

Or cette assertion n'est pas conforme à des notes que M. l'avocat J. B. Gal a prises à ce sujet, après en avoir longuement causé avec une personne compétente, le chanoine *Gaspard Gabriel d'Allèves*, clavandier de l'Hospice du Grand-St-Bernard en 1800, décédé à Martigny en mai 1845, âgé de 86 ans. D'après son témoignage, l'hospitalité généreuse que l'armée française reçût à l'Hospice ne fut point rétribuée d'avance, mais le premier consul la paya amplement, après la bataille de Marengo.

Quoiqu'il en soit de ce détail, il est certain que Napoléon après avoir achevé les préparatifs et tout disposé pour le passage, se rendit de nouveau à Lausanne où l'armée de réserve attendait, fit une dernière inspection de ses braves, les anima du feu qui le consumait lui-même, puis détermina pour chaque troupe, le jour du départ. Quant à lui, il ne devait passer qu'avec le dernier corps ; en attendant, il séjournait à Martigny, dans un couvent de Bernardins.

Outre cette armée de 40 mille hommes, il fallait aviser à jeter par dessus les Alpes un un énorme matériel de guerre. Thiers nous fournit là dessus les renseignements qui suivent.

« Voici, dit-il, les dispositions imaginées par le Premier Consul pour le transport du matériel, et exécutées sous la direction des généraux Marescot, Marmont et Gassendi. D'immenses approvisionnements en grain, biscuit, avoine, avaient été faits par le lac de Genève à Villeneuve. Le général Bonaparte, sachant qu'avec de l'argent on se procurerait facilement le concours des robustes montagnards des Alpes, avait envoyé sur les lieux des fonds considérables, sous forme de numéraire. On avait donc, mais dans les derniers jours seulement, attiré, à grand prix, sur ce point, tous les chars à bancs du pays, tous les mulets, tous les paysans. On avait fait transporter, par ce moyen, de Villeneuve à Martigny et de Martigny jusqu'à Saint Pierre, au pied du col, du pain, du biscuit, des fourrages, du vin, de l'eau-de-vie. On y avait conduit une suffisante quantité de bestiaux vivants. L'artillerie avec ses caissons y avait été amenée. Une compagnie d'ouvriers, établie au pied du col, à Saint Pierre, était chargée de démonter les pièces, de diviser les affûts en fragments numérotés, afin de pouvoir les transporter à dos de mulets. Les canons eux-mêmes, séparés des affûts, devaient être disposés sur des traineaux à roulettes, préparés à Auxonne. Quant aux munitions de l'infanterie et de l'artillerie, on avait préparé une multitude de petites caisses, faciles à placer sur des mulets, pour les transporter, comme tout le reste, au moyen des bêtes de somme du pays. Une seconde compagnie d'ouvriers, pourvus de forges de campagne devait passer la montagne avec la première division, s'établir au village de Saint-Remy, où la route frayée recommençait, pour y remonter les voitures de l'artillerie, et remettre les pièces sur leurs affûts. Telle était l'énorme tâche qu'on s'était imposée. On avait joint à l'armée une compagnie de pontonniers, dépourvue du matériel propre à jeter des ponts, mais destinée à employer celui qu'on ne manquerait pas de conquérir en Italie ». (*Histoire du Consulat et de l'Empire — pag.* 115 — *Bruxelles* — 1845).

Toutes ces précautions ayant été prises avec une sagesse admirable, les colonnes françaises échelonnées depuis le Jura jusqu'au pied du Saint Bernard, se mirent en mouvement. Le défilé dura six jours, depuis le 15 mai 1800, jusqu'au 20 mai. Le général Lannes passa le premier, à la tête de l'avant-garde, composée de six régiments de troupes d'élite et parfaitement armés. Pour devancer l'instant où la chaleur du soleil fait fondre les neiges et détache d'énormes avalanches, il s'était mis en route le 15 mai, entre minuit et deux heures du matin. Quoique fort chargés (ils portaient du biscuit pour plusieurs jours et une grande quantité de cartouches), les soldats firent bravement leur route et arrivaient à l'Hospice dans la matinée. Les bons religieux avaient préparé des tables, et servaient à chaque soldat une ration de pain, de vin et de fromage. Après quelques instants de repos, on se remit en route et l'on descendit à Saint-Remy sans avoir à déplorer d'autre évènement fâcheux que la perte d'un certain nombre de chevaux et de quelques cavaliers. Ceux-ci faisaient la route à pied, conduisant, dit Thiers, leur monture par la bride. C'était sans danger à la montée, mais à la descente, le sentier fort étroit les obligeant à marcher devant le cheval, ils étaient exposés si le cheval faisait un faux pas, à être entrainé avec lui dans le précipice ; ce qui arriva parfois.

Le 16 mai, un autre corps défila au Saint-Bernard, après celui de Lannes ; le défilé se continue, presque sans interruption, les jours 17, 18, 19, 20 mai où passa le premier consul. On aura une idée de ce qu'étaient ces marches aventureuses à travers nos Alpes par la belle description qu'en donne Charles Botta, le célèbre historien. Il s'attache à décrire le passage opéré le 17 mai, seulement il a tort d'y mêler Napoléon qui ne fit la traversée que le 20 mai, selon le témoignage autorisé de Thiers qui a puisé aux meilleures sources. Cette réserve faite, voici traduite en entier la belle page de C. Botta.

« Ils partaient le 17 mai de Martigny pour marcher à la conquête de l'Italie. Merveilleuse était leur ardeur, merveilleuse leur allégresse, merveilleux aussi le mouvement et la rapidité de leurs préparatifs. Caisses, caissons, obus, canons, carrioles, traineaux, charrettes, litières, chevaux, mulets, caparaçons, selles, bâts de bagages, bâts d'artillerie, munitions de toutes sortes, et parmi tout cela soldats travaillant et suant, et officiers travaillant et suant comme les soldats. Les rires, les chansons, les bons mots, les badinages à la française s'entrecroisaient. Il semblait qu'ils marchaient non à une guerre terrible, mais à une fête, non à des évènements douteux, mais à une victoire certaine. Le bruit se propageait de toutes parts ; ces lieux élevés, solitaires et muets depuis tant de siècles, résonnaient d'une manière insolite et tout d'un coup de voix joyeuses et guerrières. Cette étrange armée si étrangement pourvue pour le difficile voyage, gravissait la montagne dans la direction de Saint-Pierre (en Vallais) jusqu'où arrive la route chariotable. Pourtant à chaque pas des montées très-rapides, des gouffres profonds, des éminences de vallons glissante se présentaient ; les chars, les carrioles, les charrettes risquaient. Les soldats arrivaient à la hâte, soutenaient, appuyaient, trainaient ; et plus ils se fatiguaient plus ils s'échappaient en bons mots, en saillies, partie mordantes, partie gracieuses ; ainsi passaient le temps et la fatigue. Les flegmatiques Vallaisans qui étaient accourus en foule de leurs maisons ou plutôt de leurs cabanes et de leurs tanières s'émerveillaient en voyant un monde si fatigué et si allègre ; ce leur semblait une chose de l'autre monde. Invités et payés pour prêter leur secours, ils le faisaient volontiers.

« Ainsi les républicains arrivaient à Saint-Pierre, là ou la nature semblait vaincre l'art et le courage; car de Saint Pierre à la cime du Grand-Saint-Bernard où s'élève l'ermitage des religieux pour le salut des voyageurs, dans ces lieux d'hiver éternel, ne s'ouvre aucune route battue. On n'y voit que des sentiers tortueux et étroits sur les monts escarpés. Là apparut la tenacité du vouloir et la puissance du génie humain. Ce qu'on roulait fut tiré à bras, ce qu'on tirait fut porté. On mit les grosses pièces d'artillerie dans les auges, les auges sur les traineaux ; et parmi les soldats les uns tiraient, les autres appuyaient et poussaient ; les petites pièces furent chargées sur de robustes mulets. Suivaient les équipages tirés et portés de la même manière. C'était une procession immense, tantôt apparaissant, tantôt disparaissant dans les détours des sentiers rapides. Qui était parvenu au sommet regardait au fond et encourageait les derniers par des cris joyeux. Ceux-ci répondaient et s'excitaient au difficile voyage. Toutes les vallées d'alentour en retentissaient. Parmi les neiges, parmi les nuages apparaissaient les armes resplendissantes, les habits bariolés des soldats ; et un mélange de nature morte et de nature vivante formait un spectacle admirable.

« Le consul qui voyait les choses marcher selon ses désirs en jouissait, et s'adressant soldatesquement tantôt à celui-ci, tantôt à celui-là, car il excellait dans cet art, il les encourageait à être forts et à trouver facile ce qui était jugé impossible. Déjà ils touchaient à la plus haute sommité et déjà ils commençaient à apercevoir le passage qui s'ouvrant au milieu de deux cimes très élevées, arrive à la cime la plus haute. Les soldats le saluèrent joyeusement comme la fin de leurs fatigues et s'efforcèrent plus que jamais d'y arriver. Le consul voulait qu'ils se reposassent un peu ; n'ayez aucun souci de cela, répondaient-ils ; montez vous-même et laissez faire à nous. Quand ils étaient fatigués, ils faisaient battre du tambour, et au son militaire ils se fortifiaient et se ranimaient. Finalement ils gagnaient la cime, où à peine arrivés ils se félicitaient les uns les autres comme d'une victoire. L'allégresse s'accrut par la vue de tables que les religieux avaient rustiquement alignées près de l'hospice, sur la prière du consul qui leur avait envoyé de l'argent à cet effet. Ils eurent vin, fromage, pain ; ils se reposèrent au milieu des canons et des bagages, des glaces et des neiges agglomérées. Les moines circulaient parmi les soldats, le visage rayonnant d'une joie calme : bonté et force se donnaient la main sur cette haute montagne. Bonaparte parle aux religieux de leur charité, de son intention de rendre au Pape son Siège, aux prêtres le calme et les biens, à la Religion son autorité, il parla de lui et des rois modestement, de la paix avec ardeur. Les bons solitaires qni n'avaient ni connaissances, ni usages, ni nécessité de feindre croyaient toute chose. Il se reposa dans l'Hospice l'espace d'une heure.

« Quand l'heure lui sembla venue, il ordonna le départ. Ils dirigeaient leurs pas du côté où le ciel de l'Italie commence à paraître. La montée avait été périlleuse et difficile, mais bien plus difficile et plus périlleuse fut la descente ; car les neiges sous un air plus doux commençaient à se ramollir et ne portaient qu'avec peine. En outre la pente était plus raide que du côté septentrional. Il s'ensuivit que la descente s'opérait lentement, que souvent hommes et chevaux avec eux, glissant sur les neiges mouvantes, étaient précipités dans des gouffres profonds, ensevelis avant d'être morts. Impatients d'arriver, officiers, soldats, le consul même, choisissant les promontoires où la neige était plus solide se laissaient glisser avec précipitation jusqu'à Etroubles. C'était un danger, et pourtant c'était une fête, si grands étaient leur plaisir et leurs aises dans cette espèce de vol, enveloppés les uns de grosse neige, les autres d'une fine poussière blanche. Ceux qui étaient restés au gouvernement des bagages, arrêtés par divers obstacles n'arrivèrent que plus tard. Réunis à Etroubles, ils se réjouissaient les uns avec les autres d'être arrivés á bon port, et se tournant vers les cimes glacées qu'ils venaient de passer à peine, ils ne pouvaient comprendre comment une armée entière avec tant de munitions avait pu se tracer une route par des lieux horriblement bouleversés par d'antiques révolutions, et puissamment fermés par les perpétuelles rigueurs de l'hiver. En attendant, les brises suaves d'Italie commençaient à souffler, les neiges fondaient, les torrents grossissaient, les roches mortes se ravivaient et reverdissaient. Les vétérans reconnaissaient ce doux zéphyr et criaient : *Italie* ! » (Voir *C. Botta Storia d'Italia*, libro xx).

Si à ces beaux détails, nous ajoutons ceux que donne Thiers par rapport au passage de l'artillerie qui offrit de grandes difficultés, nous aurons un tableau complet du célèbre passage du Grand-Saint-Bernard. Ecoutons la parole si nette et si animée du grand écrivain français.

« Les vivres et les munitions ayant passé à la suite des divisions de l'armée, et avec le secours des soldats, on s'occupa enfin de l'artillerie. Les affûts et les caissons avaient été démontés, comme nous l'avons dit, et placés sur des mulets. Restaient les pièces de canon elles-mêmes, dont on ne pouvait pas réduire le poids par la division du fardeau. Pour les pièces de douze surtout, et pour les obusiers, la difficulté fut plus grande qu'on ne l'avait d'abord imaginé. Les traîneaux à roulettes construits dans les arsenaux ne purent servir. On imagina un moyen qui fut essayé sur le champ et qui réussit : ce fut de partager par le milieu des troncs de sapin, de les creuser, d'envelopper avec deux de ces demi-troncs une pièce d'artillerie, et de la traîner ainsi enveloppée le long des ravins. Grâce à ces précautions, aucun choc ne pouvait l'endommager. Des mulets furent attelés à ce singulier fardeau, et servirent à élever quelques pièces jusqu'au sommet du col. Mais la descente était plus difficile : on ne pouvait l'opérer qu'à force de bras, et en courant des dangers infinis, parce qu'il fallait retenir la pièce, et l'empêcher en la retenant de rouler dans les précipices. Malheureusement les mulets commençaient à manquer. Les muletiers surtout, dont il fallait un grand nombre, étaient épuisés. On songea dès lors à recourir à d'autres moyens. On offrit aux paysans des environs jusqu'à mille francs par pièce de canon, qu'ils consentiraient à traîner de Saint-Pierre à Saint-Remy. Il fallait cent hommes pour en traîner une seule, un jour pour la monter, un jour pour la descendre. Quelques centaines de paysans se présentèrent, et transportèrent en effet quelques pièces de canon, conduits par les artilleurs qui les dirigeaient. Mais l'appât même du gain ne put pas les décider à renouveler cet effort. Ils disparurent tous, et malgré les officiers envoyés à leur recherche, et prodiguant l'argent pour les ramener, il fallut y renoncer, et demander aux soldats des divisions de traîner eux-mêmes leur artillerie. On pouvait tout obtenir de ces soldats dévoués. Pour les encourager, on leur promit l'argent que les paysans épuisés ne voulaient plus gagner, mais ils le refusèrent, disant que c'était un devoir d'honneur pour une troupe de sauver ses canons ; et ils se saisirent des pièces abandonnées. Des troupes de cent hommes, sorties successivement des rangs, les traînaient chacune à son tour. La musique jouait des airs animés dans les passages difficiles, et les encourageaient à surmonter ces obstacles d'une nature si nouvelle. Arrivé au faîte des monts, on trouvait les rafraichissements préparés par les religieux du Saint-Bernard ; on prenait quelque repos pour recommencer à la descente de plus grands et de plus périlleux efforts. » (*Histoire du Consulat et de l'Empire* — Bruxelles — 1845 — 1er vol. pag. 117).

CHAPITRE IIme

Prise d'Aoste le 16 mai 1800 — Lannes à Chatillon — Napoléon passant le Grand-St-Bernard, le 20 mai 1800 — Entretien avec les religieux — Episodes divers — Napoléon à Etroubles — Napoléon à Aoste, à Verrès — Portrait de Napoléon.

Nous avons vu dans le chapitre précédent que le général Lannes passa le premier le Grand-St-Bernard dans la nuit du 14 au 15 mai 1800. A peine arrivé de ce côté des Alpes, il out l'ordre de Napoléon de marcher sur Aoste et de s'en rendre maitre. Pour un tel capitaine, la difficulté n'était pas sérieuse, d'autant plus que les républicains français avaient des intelligences secrètes soit dans le Piémont, soit dans notre vallée.

La prépotence dédaigneuse d'une partie de la noblesse, les privilèges maintenus malgré de sourdes réclamations, surtout l'oppression séculaire du peuple *corvéable et taillable à merci*, avaient préparé le terrain à un nouvel ordre de choses; et bien des esprits généreux, éclairés y aspiraient. La révolution française, expression sanglante de cette crise sociale, n'était certainement pas l'idéal rêvé, mais elle se montrait comme un acheminement à un avenir meilleur. C'était un principe, tout souillé, il est vrai, de sang, de ruines et d'excès tyranniques, mais c'était un principe, un changement; cela suffisait. Les peuples, dans l'excès de leurs maux, font comme les malades qui se tournent de droite à gauche, sur le lit de douleurs.

Toujours est-il qu'en 1793 et en 1800, l'œuvre des français parmi nous fut facilitée par les secrètes sympathies qu'ils rencontrèrent. Le général Lannes marcha le 16 mai sur Aoste, y trouva quelques Croates qui furent jetés sans peine dans le bas de la vallée, et fut accueilli dans notre ville, avec bonheur.

L'Evêque Solar qui occupait alors le siège d'Aoste, s'était enfui dès le 10 mai. Cette fuite précipitée de la part du premier pasteur du diocèse ne manquera pas de surprendre, surtout en face de l'attitude des curés qui, sauf un ou deux, restèrent fermes à leur poste. Il nous fut dit par un membre (1) ancien et très-instruit de notre clergé, qu'il avait été donné à Aoste un repas où l'évêque invité assistait, et que par malice probablement de la part d'individus en secrète intelligence avec les français, on plaça à côté de Mgr Solar une femme de réputation équivoque. Cette offense, aurait, en partie

(1) M. Claude Teppex chanoine curé de Gressan.

du moins, occasionné l'évasion susdite ; quoique la crainte des français ne puisse passer en dernière ligne.

Monsieur l'avocat J. B. Gal a souvent ouï dire que les généraux de Napoléon donnèrent plusieurs bals au grand salon de l'évêché. La jeunesse valdôtaine mêlée aux officiers de la république, s'y divertissait beaucoup. Est-ce dans une de ces soirées que Napoléon, ayant eu le pied foulé par sa danseuse, lui dit en reculant : Madame, que faites-vous ? La dame, sans se déconcerter, répondit : je ne m'en veux pas d'avoir fait reculer celui qui ne recule jamais.

Lannes ne perdit pas de temps à Aoste, il y laissa un détachement et marcha sans tarder sur le bourg de Chatillon, où il arriva le 18 mai. Un bataillon ennemi qui se trouvait là fut culbuté, et perdit, selon le témoignage de Thiers, bon nombre de prisonniers.

Laissons les soldats de Lannes et les austro-piémontais se battre le long de la vallée, et remontons au Grand-St-Bernard où Napoléon est le dernier à passer. De Martigny il partit le 20 mai, avant le jour, accompagné de son aide de camp Duroc, et de son secrétaire M. de Bourrienne. « Les arts, dit A. Thiers, l'ont dépeint franchissant les neiges des Alpes sur un cheval fougueux ; voici la simple vérité. Il gravit le Saint-Bernard, monté sur un mulet, revêtu de cette enveloppe grise qu'il a toujours portée, conduit par un guide du pays, montrant dans les passages difficiles la distraction d'un esprit occupé ailleurs, entretenant les officiers répandus sur la route, et puis, par intervalles, interrogeant le conducteur qui l'accompagnait, se faisant conter sa vie, ses plaisirs, ses peines, comme un voyageur oisif qui n'a pas mieux à faire.

« Ce conducteur qui était tout jeune, lui exposa naïvement les particularités de son obscure existence et surtout le chagrin qu'il éprouvait de ne pouvoir, faute d'un peu d'aisance, épouser l'une des filles de cette vallée. Le premier consul, tantôt l'écoutant, tantôt questionnant les passants dont la montagne était remplie, parvint à l'hospice, où les bons religieux le reçurent avec empressement. A peine descendu de sa monture, il écrivit un billet qu'il confia à son guide, en lui recommandant de le remettre à l'administrateur de l'armée, resté de l'autre côté du Saint-Bernard. Le soir, le jeune homme sut que Bonaparte lui faisait donner un champ, une maison, les moyens de se marier enfin. » (*Histoire du Consulat et de l'Empire*, Liv. 2°, pag. 119.)

Avant de passer outre, fixons le regard un instant sur la petite halte que fit le plus grand guerrier des temps modernes dans l'hospice légendaire de Bernard de Menthon. Le chanoine d'Allèves, alors clavandier, soit administrateur temporel, l'attendait sur le perron où le premier consul s'arrêta quelques minutes pour voir défiler les derniers bataillons de son armée ; il pria ensuite M. d'Allèves de le conduire près d'un bon feu pour se chauffer. On l'introduisit alors dans une petite chambre où pétillait un bon feu de cheminée. Napoléon s'y campa debout, avec son chapeau à demi lune sur la tête et les mains sur le dos. Sans perdre de temps il interrogea le modeste religieux sur les pas difficiles de la vallée d'Aoste, et principalement sur le fort de Bard que des officiers italiens lui avaient décrit sous des aspects divers, les uns prétendant qu'il pouvait être pris avec des *pommes cuites*, les autres que les boulets républicains n'y suffiraient pas. Le chanoine ne put rien lui dire de précis et de satisfaisant.

Sur ces entrefaites, entra le secrétaire de Bourienne pour savoir du premier consul s'il avait l'intention de s'arrêter quelques jours à Aoste. Napoléon, prenant son chapeau, répondit : « Si mon chapeau savait ce que pense ma tête je le jetterais au feu. » Sur ce, M. de Bourrienne ferma la porte et se retira (1).

(1) Nous devons la plupart de ces détails à l'amitié de M. le chev. av. J.-B. Gal qui les apprit de la bouche même du chanoine D'Allèves mort en 1845.

On servit à dîner à l'état-major et on distribua aux soldats, à mesure qu'ils passaient, un verre de vin chacun et une ration de pain, de fromage ou de viande. Après le passage de ces dernières troupes, l'hospice se trouva littéralement sans provisions, et l'on dut immédiatement en pourvoir pour la maison et les voyageurs qui arrivaient. Cette disette n'étonnera personne si on réfléchit qu'en cinq jours le Saint-Bernard vit passer 35 mille hommes, d'après l'historien Norvins, et 40 mille hommes d'après A. Thiers qui tient compte de la cavalerie.

Après dîner, Napoléon s'entretint quelques instants avec les religieux, les remercia de leurs soins et de leur dévoûment, puis, suivi de son état-major, il descendit rapidement en se laissant glisser sur la neige et arriva le soir même à Etroubles. Dans cette commune, il logea chez l'abbé Vesendaz dont la maison située à gauche en montant était la plus belle du village. Elle n'existe plus aujourd'hui, car elle fut incendiée.

L'armée passa la nuit, partie à l'église d'Etroubles, partie dans les chapelles et chez les particuliers, partie à la belle étoile.

Aubert, dans son ouvrage sur la vallée d'Aoste, raconte que le matin du jour 21 mai 1800, Napoléon en prenant congé de son hôte l'abbé Vesendaz, oublia dans un tiroir ses plans de bataille, qu'il fit à la hâte réclamer par un courrier. Dans la même matinée du 21 mai, l'infatigable héros arriva à Aoste où il s'arrêta quelques heures à l'évêché, occupant la première chambre au levant du salon, sur le midi. Aqrès quelques soins donnés à l'artillerie et aux vivres, Napoléon selon le témoignage de Thiers partit immédiatement pour Bard, de sorte que le même jour on le vit à Etroubles et au pied de la redoutable forteresse. Le lendemain, il fut de retour à Aoste, où on illumina la ville en son honneur. Le 23, on le vit à S. Vincent, le jour suivant à Verrès. Ce fut là qu'il demeura trois jours couchant dans un cabinet de la Prévôté. Il aimait à s'entretenir avec le prévôt *Chentre*, auquel, plus tard, il envoya son portrait. C'était une gravure coloriée qui représentait le célèbre guerrier en grand uniforme : au bas on lisait ces mots : « *arcem Bardi expugnaturus* ».

En 1814, lors de la chute de l'Empire, les religieux de Verrès craignant que le souvenir de Napoléon ne les compromît, passèrent la plume sur l'inscription et cachèrent le portrait derrière une armoire. Ce portrait est passé plus tard entre les mains du docteur Giusta, décédé il y a quelques années à Aoste.

CHAPITRE IIIme

Plan de Napoléon — Détachement de français à Verrayes, Torgnon et Ayas — La rencontre du bois de Joux — Ce qu'il y a de vrai, ce qu'il y a de faux — Dandrès vicaire d'Ayas — Chemin pratiqué entre Arnad et Donnas par le col de Coù — Passage de Lannes et de ses troupes — Ivrée emportée le 22 mai 1800.

Napoléon qui embrassait tout de son œil d'aigle, poursuivait deux buts immédiats, lors du passage de son armée dans notre vallée d'Aoste; le premier, plus difficile à atteindre à cause du fort de Bard, consistait à transporter le plus tôt possible son artillerie dans les plaines du Piémont; le second à faire passer des troupes suffisantes à Ivrée et dans les environs, afin de tenir ainsi les clefs de nos Alpes. Quand nous garderons, disait-il, la porte de la vallée, peu importe ce qui pourra survenir, ce ne sera qu'une perte de temps. Nous avons des vivres en suffisante quantité pour attendre, et nous viendrons toujours à bout ou de tourner ou de vaincre l'obstacle qui nous arrête en ce moment. Cet obstacle, nul n'en doute, était le fort de Bard.

Fidèle à cette tactique, nous allons le voir

diriger des troupes et par la vallée de Torgnon, et par celle de Gressoney, et par le col de la Coù, qui conduit d'Arnad à Donnas. Nous tenons de M. l'avocat J. B. Gal qui à son tour avait appris ces détails de son père, que divers détachements d'infanterie filèrent par Verrayes et arrivèrent à Torgnon d'où par Portola ils atteignirent Ayas. Lorsque la tête de l'armée pénétrait au chef-lieu de Torgnon, la queue défilait encore au col de St-Pantaléon. L'archiprêtre Meynet transporta le S. sacrement à la sacristie, et le plancher de l'église fut couvert de paille pour les soldats, cependant la plupart durent passer la nuit dans les fenils et chez les villageois. Le lendemain, les soldats firent une chasse impitoyable aux poules, et dans une matinée, ils en mangèrent plus que le renard, la fouine et l'aigle dans une année. Les scènes de Torgnon se renouvelèrent à Ayas mais toujours à la hâte, car le premier consul ne souffrait pas que ses soldats s'attardassent au pillage.

A notre avis, ces détachements d'infanterie devaient former un seul corps avec les troupes du général Lecchi qui, par la route de Gressoney, pénétra dans la vallée de la Sesia, laquelle aboutit près du Simplon et du lac Majeur. Ce mouvement, dit Thiers, avait pour but de dégager le chemin du Simplon, de donner la main à un détachement qui en descendait et de reconnaître enfin toutes les voies praticables aux voitures. Nous ne croyons pas nous tromper en plaçant ce passage des français par Torgnon, Ayas et Gressoney, entre le 21 mai 1800, et le 24.

Voyons maintenant le passage des français qui avaient ordre, sous la conduite de Lannes, de s'emparer de la ville d'Ivrée.

Ceux-ci partis d'Aoste, comme nous l'avons vu dès le jour 18 mai furent arrêtés par le fort de Bard qui leur barrait le passage. Ne pouvant briser l'obstacle, il fallait le tourner. Avant de prendre cette dernière résolution, l'impétueux général Lannes avait bien lancé quelques compagnies de grenadiers qui abattirent les ponts levis et entrèrent à Bard malgré un feu très-vif. Toutefois il est évident qu'on ne pouvait pas sous le feu nourri du fort, qui atteignait la route dans tous les sens, faire passer toute une armée sans s'exposer à la perdre.

Alors sur l'avis du général Marescot et de Berthier, on fit des reconnaissances sur la gauche, c'est-à-dire, dans le vallon de Machaby, et les soldats eurent ordre de préparer en toute diligence un chemin qui conduisît d'Arnad à Donnas par le col de la Coù. En deux jours, la route était prête, la cavalerie, l'infanterie et quelques pièces de quatre pouvaient y passer. Quant à la grosse artillerie, comme il eût fallu la démonter une seconde fois depuis le Grand-St-Bernard et que les bras de l'armée n'auraient pu suffire à la traîner, on la laissa en arrière pour une meilleure occasion. Napoléon qui, au moment de ce passage, se trouvait encore au Saint-Bernard, fit dire à ses généraux que les français, en tout cas, étaient assez braves pour se jeter sur les Autrichiens et leur enlever leurs canons, si cela était nécessaire.

Effectivement le sentier de la Coù, (que par erreur Thiers appelle le *sentier d'Albaredo*), qu' on avait élargi dans les endroits trop resserrés, dont on avait diminué les pentes en creusant des marches pour retenir les pieds, servit admirablement aux colonnes du général Lannes. « L'armée s'avançait successivement homme à homme, écrit Thiers, les cavaliers menant leurs chevaux par la bride. L'officier autrichien qui commandait le fort de Bard voyait ainsi défiler nos colonnes, désespéré de ne pouvoir arrêter leur marche ; et il mandait à M. de Mélas (le généralissime de l'armée autrichienne) qu'il était témoin du passage de toute une armée, infanterie et cavalerie, sans avoir le moyen d'y mettre obstacle, mais il répondait sur sa tête qu'elle arriverait sans une seule pièce de canon. »

Le 22 mai, Lannes enleva la ville d'Ivrée défendue par une citadelle et une enceinte bastionnée. Il y avait là cinq à six mille autrichiens qui furent étourdis de se voir sur les bras toute une armée ennemie, tandis que le fort de Bard résistait avec avantage. Les pauvres gens, après une faible résistance à la citadelle et sur la place prirent la fuite, mais plusieurs furent faits prisonniers. Quelques jours plus tard, Ivrée aurait été secourue.

Tandis que cette ville était enlevée par l'avant-garde française, Napoléon se trouvait encore dans notre vallée. On s'imagine facilement qu'un homme tel que lui ne restait pas là inactif. De sa personne il allait reconnaître le pays et voir par lui-même ce qu'il fallait décider. Grâce à quelques notes que M. J. B. Freppaz, curé de S. Vincent de 1799 à 1844, a écrites sur la marge du directoire diocésain, nous savons par exemple que Napoléon étant arrivé au bourg de St-Vincent le 23 mai, prit de là le chemin de Banchetty qui conduit du village d'Amey au col de Joux, et que le même jour il retourna à Aoste. Or, selon toute probabilité, c'est en ce jour 23 mai 1800 que se passa un épisode très-connu, mais qui a été, dans ses conclusions au moins, altéré. C'est de la rencontre du bois de Joux que nous voulons parler.

Voici le fait, tel que nous le lisons *dans l'Almanach de Bâle en Suisse*, pour l'an 1801. Il est à noter que ce récit coïncide avec celui du chanoine Orsières dans son *Historique*, et avec la tradition locale.

« Le 28 Floréal an 8 (18 mai 1800) M. *Le-Breux*, originaire de Bruxelles, âgé d'environ 21 ans, et premier lieutenant dans le régiment d'infanterie de François Kinsky, avait été envoyé des montagnes de Sesia, où était son corps, du côté d'Ajaccio (Ayas) pour faire une reconnaissance avec un détachement de 40 hommes vers le val d'Aoste, afin d'y recueillir quelques renseignements sur les bruits qui couraient dans l'armée autrichienne, que Bonaparte devait incessamment pénétrer en Piémont par le Grand-St-Bernard ; ce qu'on ne pouvait se persuader, surtout par une saison aussi défavorable et à travers les neiges profondes qui devaient rendre cette route impraticable.

« Après cinq jours d'une marche des plus pénibles, par des chemins escarpés, à travers des rochers et des précipices affreux, le lieutenant Le Breux se trouvait à 8 grandes lieues de son corps le 23 mai, entre 5 et 6 heures du soir, sur la pente rapide d'une montagne qu'il descendait par un sentier tortueux, pour se rendre par le village de St-Vincent à Chatillon, à deux lieues de là, lorsqu'il fut tout à coup frappé de la vue de 5 généraux français et 2 guides, qui se présentent à 6 pas de lui gravissant les rochers et conduisant leurs chevaux par la bride, à l'exception d'un seul qui resta à cheval, marchant à leur tête, en habit gris et chapeau bordé en or, mais sans panache.

« Du moment qu'ils les eurent aperçus, les soldats autrichiens les plus avancés, armant leurs fusils, voulaient tirer sur eux, ce que le lieutenant leur défendit expressément, préférant, disait-il d'emmener saine et sauve à son corps cette riche et glorieuse capture. De son côté, le général en habit gris ne les eût pas plutôt découverts, qu'il s'écria d'un air surpris : *Voilà des Autrichiens ! les Autrichiens ici !* tandis que ses deux guides armaient à leur tour leurs carabines en criant : *qui vive !* Après leur avoir aussi défendu de tirer, le général s'adressant au jeune officier : *Qui êtes-vous ?* lui dit il, *que faites-vous ici ? d'où êtes-vous venu ? quelle est la force de votre détachement ? le nom de votre régiment ? celui de votre général ? la position de votre corps ?* Il lui fit aussi plusieurs autres questions auxquelles le lieutenant répondit selon qu'il le jugea convenable.

« Cette conversation durait déjà depuis près d'une demi-heure et avait été plus d'une fois interrompue par les soldats autrichiens qui demandaient à leur chef s'il n'était pas temps d'emmener leur proie, lorsque tout à coup le général à chapeau bordé sans panache, qu'on aura déjà reconnu pour Bonaparte, dit à cet officier d'un ton affectueux : *Jusqu'à présent, Monsieur, j'étais votre prisonnier, et c'est vous maintenant qui êtes le mien ; mais soyez tranquille : j'aurai soin de vous et de vos gens.*

« En effet, l'Autrichien s'aperçut au même instant qu'il était cerné par des grenadiers français, qui avaient pris une autre route pour arriver à lui. Le premier Consul lui laissa ses armes et lui dit en le quittant : *Ce soir vous irez coucher à Chatillon, et demain vous dînerez avec moi à la cité d'Aoste.*

Maintenant qu'on a sous les yeux l'épisode du bois de Joux, tel qu'il s'est raconté toujours, cherchons a démêler le vrai du faux. La rencontre sur le terrain et au jour indiqués, est vraie ; ce qui est faux, nous écrit M. l'archiprêtre Chamonin en date du 29 déc. 1884, c'est la *présence d'esprit attribuée au premier consul,* et nous ajouterons, divers détails de l'entretien qui est relaté.

Voici donc quelques éclaircissements. En 1800 il y avait à Ayas (vallée d'Aoste) un vicaire nommé *Dandrès*. Ce jeune abbé eut par hazard un long entretien avec le lieutenant autrichien, Le-Breux, même il lui prêta du linge, précisément quelques jours avant le fait du bois de Joux. On parla de guerre, de politique. Le capitaine allemand semblait croire de toute son âme à l'étoile de Napoléon, selon lui toute résistance opposée à cet incomparable guerrier était ridicule. L'Italie devait infailliblement tomber entre ses mains et les allemands se sauver devant ses troupes. Il finit en concluant que les désastres de l'Italie et les triomphes de Napoléon étant inévitables, *il valait mieux que tout se fît vite.*

Le jeune vicaire emporta de cet entretien la conviction que le fort de Bard serait livré dans peu. Il ne se trompa pas. Plus tard il lut avec un sourire de compassion le merveilleux conte du bois de Joux. L'invention était belle pour faire honneur à l'esprit et au sang froid du grand homme, et pour sauver la réputation du traître allemand.

M. Balthazard Chamonin, archiprêtre de Cogne, entendit lui-même raconter par M. Dandrès l'entretien qu'il eut avec le commandant Le-Breux.

Les faits suivants, toujours relatés par l'almanach de Bâle, ajoutent de nouvelles probabilités à la trahison de Le-Breux. Arrivé à Aoste dans la soirée du 23 mai, il soupa avec le premier consul dont il observa la sobriété ; après le repas, tous les deux passèrent dans un appartement à part où ils s'entretinrent seuls, un *bon quart d'heure et uniquement* sur la force et la position des armées autrichiennes. Le-Breux obtint même de Napoléon un passe-port pour aller à Paris, avec un des soldats prisonniers pour domestique ; de plus une lettre pour le ministre de la police. On le vit arriver à Lausanne le 29 mai 1800, c'est-à-dire six jours après sa prétendue capture.

Il est encore à remarquer qu'à ceux qui lui demandaient comment il avait pu manquer une si belle occasion de faire prisonnier le premier consul, il répondait : « J'étais loin de soupçonner que je l'aurais rencontré presque seul sur ces horribles rochers, moi qui le croyais si loin de là, ainsi que son armée.... »

Pareille croyance était elle possible après la conversation qu'il eut avec le vicaire d'Ayas, M. Dandrès, surtout après le fameux passage du Grand-Saint-Bernard par une armée de quarante mille hommes ! !

CHAPITRE IVme

Le fort de Bard — Son origine — Il passe à la maison de Savoie, puis aux états généraux du Duché d'Aoste — Le fort de Bard décrit par Thiers et le P. Bresciani — Premières attaques coutre le fort, livrées en mai 1800 — Inspection qu'en fait Napoléon — Siège et blocus par le général Chabran — Capitulation — Foi manquée.

L'origine du fort de Bard qui va nous occuper est obscure. M. l'abbé *P. L. Vesco*, curé de Pont-Saint-Martin, dans des notices statistico-historiques publiées dans la *Feuille d'Aoste*, année 1880, la place au dixième siècle, quoique là dessus il n'y ait rien de certain. En tout cas, le fort de Bard qui dans les premiers temps n'était autre qu'un château fort est l'œuvre du moyen âge. En ce temps, où tant de seigneurs, jaloux les uns des autres, toujours en guerre avec leurs voisins, se disputaient aux dépens du pauvre peuple la prééminence dans notre pays, les nobles de la famille de Bard, et d'autres avant eux peut-être, durent avoir la pensée d'élever, sur le formidable rocher de Bard, une espèce de citadelle.

Quant à la maison de Bard, nous apprenons par *l'Histoire de la noble maison Sarriod d'In-*

trod—Aoste, 1845 — qu'elle ne commença à figurer qu'en 1040, dans la personne du chevalier Otton I qui vécut jusque vers la fin du onzième siècle. Deux cents ans plus tard, c'est-à-dire en 1242, un autre membre de la maison de Bard, certain Hugues, apparait dans notre histoire avec une puissance passablement grandie. En outre de celle de Bard, il possédait la seigneurie de Châtel-Argent et de Sarre. Enflé peut-être de son pouvoir, il tenta de se soustraire à l'hommage que son père avait prêté au comte de Savoie, et refusa de reconnaître Amédée IV pour son suzerain. Ce dernier déclara la guerre au rebelle, lui enleva Sarre et Châtel-Argent, puis vint l'attaquer à Bard dans son château fort; château qui fait ainsi dans l'histoire sa première comparution. Casalis, cité par M. Vesco, affirme que le comte de Savoie ne s'en serait pas rendu maître sans le secours des seigneurs de Challand.

Hugues capitula, renonça à ses terres moyennant une somme d'argent et alla sous un autre ciel chercher de meilleures aventures. Est-ce que depuis lors, les comtes de Savoie furent eux-mêmes possesseurs du château fort de Bard, ou bien le cédèrent-ils, et en quel temps au gouvernement de notre Duché ? Nous ne ne pourrions y répondre. Ce qui est toutefois certain c'est que tant le fort de Bard que ceux de Verrès et de Montjovet ont été longtemps possédés et maintenus par les Etats généraux du pays d'Aoste. En effet ce ne fut que le 12 septembre 1542, que Madame Royale se chargea de maintenir à son compte les *présides* de Bard, Verrès et Montjovet, moyennant le payement de *quinze mille écus petitz*, effectué par nos Etats généraux. Il fut alors stipulé que « la garnison des forteresses de Bard, Verrès et Montjovet, desmeurera aux finances de M. R. sans que le Païs pour l'advenir soit obligé à fournir aucun utensile ny journallier pour icelles. » (V. *Le congregazioni dei Tre Stati della Valle d'Aosta*, per Emanuele Bollati de Saint-Pierre - vol. 2° pag. 123.)

Les sièges soutenus par le fort de Bard ne sont pas non plus très connus dans l'histoire. La vallée d'Aoste ayant eu depuis l'an 1530 jusqu'à l'an 1767, un gouvernement assez libre, autonome et presque républicain, si le peuple n'avait pas souffert des empiètements d'une aristocratie ambitieuse, le Val d'Aoste participait peu aux guerres du petit Royaume de Sardaigne, et négociait généralement sa neutralité. Aussi nous croyons que le fort de Bard, spécialement de 1530 à 1767 eut peu d'assauts à soutenir. Dans la guerre par exemple, qui, à partir de l'an 1530 jusqu'en 1537, se fit entre Charles-Quint, et notre duc Charles le Bon, son allié, contre le roi de France François I, les valdôtains négocièrent par leurs députés une neutralité avec ce dernier, qui fut conclue au commencement de l'an 1537, et prorogée par divers traités jusques en l'an 1559. (Tiré d'un précieux manuscrit de la Bibliothèque de M. le docteur Anselme Réan. Nous croyons que ce manuscrit est l'œuvre de M. le notaire Philippe Réan, syndic du Bourg St-Ours en 1717).

Durant la guerre de 1691 entre notre duc Victor-Amédée II et Louis XIV, la vallée d'Aoste ne fut pas autorisée par son souverain à conclure un traité de neutralité avec la France, toutefois le général de la Hoguette qui envahit alors nos paisibles montagnes ne poussa pas plus loin qu'Aoste, et le fort de Bard fut laissé en paix. Cependant en 1704, la lutte s'étant envenimée entre Louis XIV et l'héroïque Victor-Amédée II qui ne pouvait souffrir la prépotence du célèbre monarque, le duc de la Feuillade pénétra dans la vallée d'Aoste par le Petit-Saint Bernard et Courmayeur, se rendit maitre de notre pays et ne trouva de résistance sérieuse qu'au fort de Bard. Pour le soumettre, il fallut un siège régulier qui coûta de grands sacrifices.

Passons maintenant au siège qu'en fit l'armée du grand Napoléon en mai 1800. Mais pour que ce siège soit bien compris, il faut que nos lecteurs aient pour ainsi dire sous les yeux le fort de Bard. Deux écrivains, tous les deux célèbres à des titres divers, *A. Thiers* et le P. *Bresciani*, en ont donné la description. Il serait difficile d'être meilleur peintre que Thiers. Voyons d'abord le tableau qu'il dessine en quelques grands traits qui décèlent la main d'un maître : « La vallée d'Aoste est parcourue par une rivière qui reçoit toutes les eaux du Saint-Bernard, et qui sous le nom de Dora Baltea, va les jeter dans le Pô. En approchant de Bard, la vallée se resserre ; la route courant entre le pied des montagnes et le lit de la rivière, devient successivement plus étroite ; et enfin un rocher qui semble tombé des hauteurs voisines, au milieu de la vallée, la ferme entièrement. La rivière coule alors d'un côté du rocher, la route passe de l'autre. (Il s'agit ici de l'ancienne route de Bard qui passe par la bourgade). Cette route, bordée de maisons, compose toute la ville de Bard. Sur le sommet du rocher, un fort, imprenable par sa position, quoique mal construit, embrasse de ses feux, à droite le cours de la Dora Baltea, à gauche la rue allongée qui forme la très-petite ville de Bard. Des ponts levis fermaient l'entrée et la sortie de cette unique rue. Une garnison peu nombreuse, mais bien commandée occupait le fort. » (*Thiers - le Consulat et l'Empire* — vol. I - pag. 117,118).

Bresciani dans son *Lionello*, vol. 2, pag. 15 et 16, donne du fort de Bard la description que voici :

« Da Ivrea, costeggiando la Dora Baltea, per-
« venni alle chiuse di Bard, ove natura ed ar-
« te piantò le tanaglie che addentano e immor-
« sano quelle aspre gole, alle quali non si per-
« viene che per vie scarpellate dall'audacia ro-
« mana nel vivo fianco de' macigni, e sono fra
« i dirupi e le frane soffolte da muraglioni che
« bastano saldi da ben due mila anni, con
« ponti e sproni e controforti smisurati e incon-
« cussi. Tutta la testa di quell'ardua monta-
« gna pare che da un violento cataclisma fosse
« crollata e divelta dalle selvose spalle, e capo-
« volta in immensi rinchioni di scogli e massi
« nel profondo vallone, che inforcano accaval-
« cati e pendenti sulle voragini, fra le quali
« s'inabissa e rugge e bolle e spuma e arrab-
« bia fremente la Dora Baltea. Coteste straboc-
« chevoli rocche son rugginenti e scure, nude
« e stagliate, che paion recise a filo ; e sul
« cinghion di mezzo si leva minacciosa la gran
« bastita di Bard..... La bastionano attorno, e
« le fan corona sul ciglio degli scogli, torrazzi
« e sbarri con batterie di cannoni, che tutte
« sboccano quella sola via che costeggia la fal-
« da di quella traripata montagna.

« Egli è a giudicare, mirandola che niun

« uomo possa mai valicare il passo, ove la
« guarnigione di Bard lo contenda ; eppure Na-
« poleone passovvi coll'esercito che guidava pel
« San Bernardo, con esso i cavalli, le artiglie-
« rie da battaglia ed il carriaggio. Se i tedes-
« chi vi giuocavano sol dieci bocche di can-
« none non avrebbe potuto di certo il temera-
« rio console forzar quella strozza. Fu valor ?
« Fu astuzia ? Fu tradimento ? ».

Le théâtre de la lutte étant bien connu, arrivons au siège de la forteresse déclarée imprenable par deux écrivains de grand mérite. Dès le 19 mai 1800, le général Lannes commença l'assaut ; il lança sur le bourg de Bard quelques compagnies de grenadiers, et s'en rendit maître après avoir abattu les ponts levis. Le commandant du fort répondit à cette audace par un feu très-vif, et la pauvre bourgade de Bard vit fondre sur elle une grêle de boulets et d'obus, qui ne fut suspendue que par égard pour les habitants. La division Lannes voyant l'impossibilité de passer sous un feu qui atteignait la route dans tous les sens stationna hors de Bard et quelques jours après se dirigea sur Ivrée par le sentier de la Coù, comme nous l'avons vu.

Cependant il fallait à tout prix forcer le rocher de Bard, pour donner passage à la grosse artillerie. Les généraux Marescot et Berthier furent mandés pour juger de l'obstacle et proposer des moyens. Ils se hâtèrent d'arriver, examinèrent le fort et le déclarèrent presque imprenable, non à cause de sa construction, qui était médiocre, dit Thiers, mais de sa position qui était entièrement isolée. Cependant ils ne désespèrent pas tout-à-fait. Comme l'escarpement de la forteressé ne permettait guère l'escalade, et que les murs ne pouvaient être battus en brèche, l'idée vint aux français de faire hisser sur la montagne d'Albard quelques pièces de faible calibre. Là, dominant le fort de Bard, ils ouvrirent un feu assez vif. La garnison du fort riposta vivement aussi, et ses boulets arrivaient jusqu'à Albart où ils s'enfonçaient dans la terre ; lorsqu'ils n'étaient pas rejetés par les rochers. Les habitants de ce village en trouvent encore aujourd'hui lorsqu'ils labourent leurs terres, et ils s'en servent pour piler le sel. Quelques vieillards ont même indiqué à M. Vesco, curé de Pont-St-Martin, une chambre où logèrent plusieurs officiers français, et les blocs de pierre contre lesquels Napoléon se serait appuyé pour observer avec une lunette d'approche la fameuse forteresse. Selon le témoignage de Thiers, les boulets du fort reussirent à démonter une pièce ennemie qui était d'un calibre trop faible.

Tandis que l'attention des allemands qui occupaient le fort de Bard était absorbée par le feu ouvert sur la montagne d'Albard, les français firent à Bard même une tentative des plus hardies; c'était de passer une pièce de gros calibre, sous le feu même du fort, à la faveur de la nuit. Mais le commandant du fort averti ou par le bruit ou par des espions, jeta des pots à feu qui éclairèrent la route comme en plein jour, et lui permirent de la couvrir d'une grêle de projectiles. Sur treize cannoniers, dit Thiers, qui s'étaient aventurés à traîner cette pièce de canon, sept furent tués ou blessés. Alors on s'avisa d'un moyen fort ingénieux que Casalis, C. Botta, A. Thiers, mentionnent tous de la même manière. Pour nous servir des expressions mêmes de ce dernier, on couvrit la rue de paille et de fumier; on disposa des étoupes autour des pièces, de manière à empêcher le moindre retentissement de ces masses de métal sur leurs affûts; on les détela, et de courageux artilleurs, les traînant à bras, se hasardèrent à les passer sous les batteries du fort, le long de la rue de Bard. Ce moyen leur réussit parfaitement. L'ennemi qui de temps en temps, tirait par précaution, atteignit un certain nombre de cannoniers, mais bientôt toute l'artillerie eut franchi le pas redoutable.

C'est assurément à propos de ce succès inespéré que Bresciani se demande : *Fu valore ? Fu astuzia ? Fu tradimento ?* Quelques jours auparavant le commandant du fort de Bard, écrivait au généralissime de l'armée autrichienne, M. de Mélas, qu'il répondait sur sa tête que les *français seraient passés sans une seule pièce de canon.* Etait-ce peut-être un second officier du bois de Joux, tout épris de Napoléon et croyant à son étoile ?

Quoiqu'il en soit, Bard est désormais dépassé, et ne peut plus inspirer des soucis sérieux à l'armée française. Occupé par 300 croates isolés dans un pays qui n'est pas le leur, naturellement peu intéressés à la victoire, il se rendra bientôt. Sur ces entrefaites, le général Chabran qui avait reçu de Napoléon l'ordre de pénétrer en Italie par le Petit-St-Bernard, arrivait sous la forteresse de Bard avec six mille hommes. Comme c'étaient en partie des conscrits récemment incorporés, ils eurent pour tâche de faire le blocus du fort. Quoique nous n'ayons pas là dessus des dates précises, nous croyons que le blocus proprement dit, ne dut pas commencer avant le 28 mai. Il ne dura guère que sept à huit jours, car le 1r juin 1800, le fort de Bard capitulait. Suivant une information manuscrite que nous avons de M. l'archiprêtre Chamonin, les français placèrent quelques canons devant la porte de l'église de Bard, où ils étaient protégés par le clocher qui leur servait de rempart contre les boulets ennemis ; de là, à force de coups, ils abattirent la porte du fort qui servait de pont levis. Quand elle fut détruite, les assiégés arborèrent le drapeau blanc, et se rendirent sous la condition de sortir avec armes et bagages ; mais arrivés à Verrès on les désarma contre la foi donnée. Les conscrits du général Chabran trouvèrent dans le fort de Bard 18 canons, et un certain nombre d'entre eux, l'occupèrent, nous ne savons combien de temps, tout comme on ignore aussi l'époque précise où Napoléon le fit raser. De Bard, la division du général Chabran fut portée à Ivrée, puis à Verceil, avec ordre de se replier sur le Tessin, en cas d'approche de l'ennemi.

Le fort de Bard ne se releva de ses ruines qu'en 1830, par les soins du roi Charles-Félix, et plus tard par ceux de Charles-Albert qui employa aux fortifications faites sur un plan beaucoup plus vaste, près de mille-cinquante ouvriers, pendant plusieurs semaines. En 1839, arriva la première garnison piémontaise. L'an 1882, le gouvernement italien munissait le redoutable fort de Bard d'un fortin placé sur la gauche de la route, de sorte que l'ennemi est attendu avec assurance. Les murs de défense sont de 4 à 5 mètres en plein mortier. Les meurtrières sont en pierre de taille. Les poudrières ont été creusées dans la roche vive, de même que les citernes pour l'eau pluviale. La plus grande, construite sous la place du Bastion, contient près de six mille hectolitres. Une chapelle dédiée au guerrier martyr, Saint-Maurice, couronne dès 1839 les constructions de la forteresse.

CHAPITRE Vme

Avant la prise du fort de Bard, Napoléon traverse la vallée d'Aoste — Il passe par le sentier d'Albard le 26 mai 1800 — Chute de son cheval à Vérale — Napoléon complimenté par les autorités communales de Donnas — Le citoyen Barthélemy Dalle invité aux noces de Napoléon avec Marie Louise — La cave de Torgnon — Episodes.

Nous avons laissé Napoléon à Verrès et au col de Joux, tandis que Lannes et, après lui, toute une armée défilaient par Albard, se rendaient maîtres d'Ivrée et envahissaient le Piémont ; tandis que le siège, puis le blocus du fort de Bard étaient vivement poussés par la division Chabran. Toutefois, lorsque, même la grosse artillerie eût traversé les rues de Bard, à la faveur de la nuit, comme nous l'avons raconté, Napoléon, à son tour, quitta notre pays. Le 26 mai, il passa par Albard et comme le fort dirigeait ses feux sur ce passage, Napoléon fit battre la caisse comme s'il avait voulu parlementer, jusqu'à ce qu'on fût à l'abri de tout péril. Par *Valsorda*, le *Chenail*, *Arlada* et *Rovarey*, il rejoignit avec les généraux Berthier, Desaix, Marescot et l'aide de camp Duroc, le corps d'armée qui campait à Lilla.

Cette traversée n'eut pas lieu sans quelques accidents. Les chevaux, quoique conduits à la main et à pas comptés, en descendant du col de la Coù traversèrent une pente si raide qu' ils creusèrent un large sillon avec leurs fers dans les pâturages de Vérale. Le cheval de Napoléon avait été confié à un conducteur expérimenté, mais comme des sentiers aussi abruptes ne lui étaient pas familiers, il fit un faux pas, au fond des prairies de Vérale, tomba de tout son poids sur la poitrine et roula jusqu'au lieu dit le *Cornaley*, sans qu'il fût possible de le retenir. Plusieurs autres chevaux périrent aussi en différents endroits. Un fort mulet, chargés de coffres remplis de pièces d'argent, perdit l'équilibre en descendant l'*escalier de la Cornà*, roula par des précipices répandant çà et là les deniers de la troupe.

En dépit de ces catastrophes partielles, Napoléon arriva comme nous l'avons dit, à Donnas. Ici, trouvent leur place quelques anecdotes recueillies par M. Vesco, curé de Pont-St-Martin, et publiées dans la Feuille d'Aoste, nos du 12 et du 19 mai 1880. Pour ne leur rien ôter de leur caractère et de leur intérêt, nous les citons textuellement :

« Le maire de la Commune (de Donnas), M. André Niccod, demeurait à Rovarey. Informé de l'arrivée du premier consul, il se tint sur la route, pour l'attendre près de son habitation, avec M. Barthélemy Dalle, son frère Pierre et quelques autres notables de l'endroit. Ce fut M. Barthélemy Dalle qui eut l'honneur de le complimenter au nom de ses collègues. C'était un homme instruit et influent, qui fut plus tard nommé président du canton, dignité qui correspond à celle d'un surintendant des syndics du mandement. Napoléon, après avoir reçu leurs hommages et répondu avec courtoisie à leurs compliments, leur dit : Hé bien ! citoyens, comment se comportent mes soldats dans votre commune ? — Pour le moment nous n'avons pas motif de nous plaindre citoyen consul. Nous espérons cependant qu'il vous plaise nous accorder des sauvegardes, pour nos maisons et celles de notre quartier. — Que voulez-vous, reprit le Consul, la guerre est un fléau ! Mais soyez tranquilles, je vous donnerai, pour sauvegardes, des hommes de poids. Il fut ensuite invité par le Maire à entrer dans son verger pour y reposer quelques instants à l'ombre des cerisiers : car il faisait une chaleur étouffante. C'est là que M. Niccod eut l'honneur de lui présenter une coupe de son meilleur vin de Donnas. Mais Napoléon, l'ayant acceptée, se contenta de l'approcher de sa bouche, puis il l'offrit aussitôt à ses généraux qui n'eurent aucune crainte d'y tremper leurs lèvres desséchées et de savourer le fumet framboisé de ce vin bienfaisant. Il serra ensuite la main au maire, lui exprima son contentement et le quitta en lui disant : « J'accepterais volontiers un petit panier de ces cerises blanches et rouges que je vois sur vos cerisiers. » Je me ferai un plaisir de vous l'offrir, citoyen consul, lui répondit M. Niccod, qui ne tarda pas à le lui envoyer dans le camp.

« Monsieur Barthélemy Dalle accompagna Napoléon jusque sur la grande route, près de la Chapelle de Martorey, où il l'aida à monter à cheval en tenant l'étrier. Bonaparte garda un bon souvenir de ce gentilhomme. En effet, à l'occasion de son mariage avec Marie-Louise, il fit adresser une lettre signée de sa main au président Barth. Dalle pour l'inviter à ses noces qui eurent lieu à Paris, en lui remettant un bon de 2000 francs pour les frais de voyage et d'étiquette. Mais Dalle déclina l'honneur du rendez-vous en alléguant son grand-âge et l'éloignement de la capitale. Ha! s'il y avait eu, le chemin de fer !

« La coupe qui a été honorée d'un baiser de Napoléon le Grand, après avoir été conservée dans la maison de M. Niccod, fut régalée par ses héritiers, en 1855, à M. le Colonel Bocca-Badati, commandant la forteresse de Bard.

Napoléon, ayant laissé au général Mormon (1) le soin de soumettre le fort de Bard, prit la route d'Italie pour se rendre à la bataille de Marengo, qui eut, le 14 juin, un résultat si glorieux pour la France.

« Mais, voici un incident qui arrêta, quelques instants encore, les pas du premier Consul. Dans la région de Torgnon, tout proche de la route de Pont-St-Martin, gisait depuis longtemps un énorme bloc de rocher, qui descendu de la montagne, avait pris son possessoire dans une propriété de la famille Alasina. Au pied de ce rocher, on apercevait du chemin une porte garnie de clous à grosse tête, serrée avec un verrou de forteresse, et à moitié enfoncée dans la terre. Au dessus de cette porte était gravée, sur la pierre, le millésime de 1744. Ne fermait-elle pas l'entrée d'une cave bien dotée ?

---

(1) C'est le général *Chabran*, comme nous l'avons vu qui fut chargé de prendre le fort de Bard. De ce général Mormon que mentionne l'auteur des notices, nous n'avons aucune connaissance.

C'est ce que supposa un peloton de soldats qui se mirent en mesure de l'enfoncer pour satisfaire leur cupidité aux dépens du père Allasina. Celui-ci, souverainement indigné, fit parvenir ses plaintes jusqu'aux oreilles de Bonaparte, qui ne dédaigna pas de s'arrêter pour constater, par lui-même, les dégats et les *rapiamus* commis dans la cave par ses soldats, et il voulut en dédommager amplement le propriétaire avant d'aller plus loin.

« Ami lecteur, arrêtons-nous aussi quelques instants, pour donner une attention particulière à cette cave, qui a été honorée d'une visite de Napoléon le Grand. M. le chevalier et docteur Baraing, qni en est aujourd'hui propriétaire, nous montrera volontiers l'usage qu'il en sait faire ; car il vient de construire, contre le rocher, une jolie maison de campagne, et de transformer en verger et en vignoble le terrain inculte et rocailleux qui l'environnait. Et tandis qu'il remplit la coupe de son vin délicieux *de Torgnon*, je vous ferai remarquer une voûte unique, je crois, dans le monde. Elle est presque ronde, avec un diamètre de 9 mètres, et formée d'une seule pièce, qui parait avoir été travaillée à dessein, sans toutefois avoir reçu un seul coup de ciseau. Elle repose, comme un immense plat renversé, sur des murs de soutènement maçonnés contre le terrain. »

On s'imagine facilement que Napoléon ne perdit pas son temps à Donnas. Une armée de 40 mille hommes, infanterie, cavalerie, artillerie avait passé, sans routes frayées, les plus hautes montagnes de l'Europe, traînant sur la neige un énorme matériel de guerre, le faisant passer, durant la nuit, sous les feux d'un fort redoutable. Après tant de prodiges de valeur, Napoléon et son armée auraient eu quelque droit de se reposer, mais ils ne le firent pas. La victoire couronne l'activité infatigable. Aussi, quelques jours après le 26 mai, Napoléon qui désormais n'avait plus rien à cacher, parait à Chivasso, harangue les troupes, les félicite de leur bravoure et de leur persévérance, se montre non seulement à ses soldats, mais aux Piémontais, avides de le voir, aux Autrichiens qui baissent le regard. Nous n'avons pas à suivre le célèbre guerrier au delà de ces limites. Nos lecteurs savent que le 14 juin il gagnait la fameuse bataille de Marengo qui lui donnait l'Italie tout en portant un coup mortel à la puissance autrichienne sur notre pays.

CHAPITRE VIme

Opinions diverses sur la capitulation du fort de Bard — La Vallée d'Aoste sous le gouvernement français — Luttes intestines — Impôts — Second régiment des Socques (1) — Ses causes véritables — *Les émigrés* — Divers faits relatifs à ce mouvement.

Après l'exposé consciencieux des faits relatifs à la paix du fort de Bard, et au passage de Napoléon par la Vallée d'Aoste, quelle idée le

---

(1) Nous avons eu, toujours dans la Basse vallée, un troisième régiment des Socques, celui de l'an 1853. Nous en occuper ici serait sortir de notre cadre naturel. Les documents abondent sur ce fait, mais une histoire proprement dite n'existe pas. C'est qu'il y a distance entre compiler et écrire. On arrive aisément par exemple, avec de la patience et une bourse parfois étrangère, à grossir des volumes de vieux actes et parchemins; il suffit d'être patient collectionneur pour cela, comme il suffit d'être bon laquais pour être couvert de croix.

Mais donner une âme aux pièces éparses et mortes, ranger les faits par ordre, leur communiquer le coloris naturel, les mettre chacun à sa place en lui conservant une juste proportion, savoir extraire des documents tout juste ce qui convient pour ne pas rompre l'unité et embarrasser le lecteur, voilà ce qu'on appelle une œuvre d'intelligence; œuvre difficile et rare. Malgré la difficulté, nous espérons qu'un homme de talent voudra bien enrichir l'histoire valdôtaine du curieux épisode de notre *troisième régiment des Socques*.

lecteur s'est-il formée sur la défense de Bard et le passage de la grosse artillerie française? Est-ce que le mot de trahison ne se sera pas échappé de ses lèvres? Pour dire notre pensée intime, nous croyons que Bard était acquis d'avance, et que jamais Napoléon ne se serait aventuré par le Grand St-Bernard, s'il n'avait su comment tourner la terrible forteresse. Il est vrai, nous n'avons pas des documents précis, mais les présomptions ne manquent pas.

D'abord il ne faut pas perdre de vue que le gouvernement provisoire constitué en 1799, dans le Piémont, comptait dans son sein le général *Cerise* et le célèbre historien *C. Botta*, que tous les deux détestaient en Italie l'influence autrichienne, et aspiraient vers ce nouvel ordre de choses symbolisé par la révolution française. Est-ce qu'ils n'auront pas en conséquence agi sous main pour faciliter le passage de l'armée Napoléonienne?

Nous avons vu encore que Napoléon fut accueilli chez nous comme un ami et non comme un vainqueur. Notre ville s'illumine pour le fêter, les chanoines de Verrès surent par leur courtoisie mériter un beau souvenir, nos syndics haranguaient le héros au passage. Nul doute que la Vallée d'Aoste avait été travaillée en sa faveur.

On sait du reste que Napoléon, outre le génie et la force, avait la souplesse, que là où l'or et quelques hochets pouvaient suppléer aux boulets de canon, il ne se piquait pas de les répudier. La trahison désormais manifeste du bois de Joux en serait une preuve, si de preuves il était besoin.

Enfin la conduite de la garnison de Bard, ni trop vigoureuse, ni trop ouvertement lâche, laisse percer un calcul. Le commandant Max, s'il l'avait réellement voulu, aurait pu maintenir la parole donnée au généralissime autrichien, M. de Mélas, qu'une seule pièce d'artillerie *ne passerait.* Qu'on ne parle pas de ces rues de Bard couvertes de paille et de fumier, des roues recouvertes de chiffons et d'étoupes ; malgré toutes ces précautions, on ne pouvait faire à moins que de provoquer l'alerte des sentinelles placées, comme on le sait, à peu de distance de la rue de Bard. Voilà autant d'observations qui sautent à l'œil et font soupçonner ici encore une trahison. Peut-être un jour trouvera-t-on là dessus des documents précis. Pour le moment, passons à quelques notices sur l'état de notre vallée, après les évènements que nous avons narrés.

L'année 1800 opéra parmi nous une révolution subite et complète. Les arbres de la liberté qu'on avait abattus en avril et mai 1799, se dressèrent de nouveau ; les allemands, toujours peu sympathiques à nos populations s'étaient retirés ; et le drapeau français dominait partout. Mais ces changements extérieurs n'étaient pas en harmonie parfaite avec les pensées intérieures de tous les valdôtains. Notre magnifique vallée, semblable à la femme du patriarche Isaac, portait dans son sein deux enfants contraires l'un à l'autre, ou, si l'on veut, deux peuples toujours prêts à se combattre.

Sous le nom de *codins*, on désignait les partisans de l'ancien régime, et sous le nom de *iacobins,* les hommes favorables aux idées révolutionnaires ou simplement à Napoléon qui ne fut pas toujours la révolution. Ces derniers étant devenus les maîtres, ne surent pas se soustraire à l'ivresse du pouvoir et aux inspirations de la vengeance. Voici un fait qui donnera une idée des agitations de cette heure. Nous le devons à M. le chanoine Coquillard, aujourd'hui octogénaire, qui l'apprit d'un certain Angelin, dit *Angelin de la Bioula.* Ce dernier, maçon de son état, construisait un mur le long d'une vigne de la colline d'Aoste. Il était là tout à son travail, lorsqu'il entendit à une certaine distance des voix d'hommes qui discutaient et parlaient chaleureusement. Il fit alors taire son marteau, et s'assit derrière le mur, afin de mieux entendre. De ce dialogue, il entendit clairement ces mots : *Et des prêtres, qu'en ferons-nous ?* dit la voix la plus fébrile. — *Qu'en penses-tu toi?* répondit l'autre plus calme. — *Il faut les finir tous.* — *Oui, les finir, mais à petit feu.*

Le plus modéré était le citoyen Cerise, propriétaire du couvent exproprié des Capucins, et plus tard maire d'Aoste, comme nous le verrons. Ce fait devait se passer au printemps de l'an 1800. Il donne assez bien la note du diapason de l'époque.

Si les Jacobins se préparaient de leur côté, les codins ne dormaient pas du leur. Dès le mois d'octobre de l'an 1800, nous les voyons se grouper, s'entendre et préparer le second régiment des Socques. C'est une époque très-curieuse, où le pinceau original et pittoresque d'Amé Gorret, comme la plume au tour alerte et gaulois de François Farinet, trouveraient des situations magnifiques.

Entrons avant tout dans l'étude des causes qui amenèrent les insurrections de ce temps. Sauf meilleur avis, nous pensons qu'il faut bien distinguer entre nos deux Régiments des Socques de 1799 et de 1801, et celui de 1853. Ce dernier n'a été rien autre chose qu'un mouvement populaire, tout-à-fait isolé, sans direction aucune, sans chef, sans but déterminé. Nous trouvons au contraire dans les autres, des chefs, une entente prise entre le Canavais et le Bas Val d'Aoste, un but déterminé et un commencement d'organisation. Du reste, il importe de ne pas oublier qu'en 1799 et en 1801 le Piémont et la Vallée d'Aoste en particulier étaient divisés en deux partis très-vivaces l'un et l'autre, les *royalistes et les républicains.* S'imaginer que les royalistes n'avaient des adhérents et des champions ouverts que dans la classe populaire, serait méconnaitre et les sentiments et le courage des classes privilégiées qui avaient le plus à perdre ou à gagner, suivant la fortune des deux partis.

Immédiatement après les Socques de l'an 1801, on écrivit et l'on publia divers opuscules sur les causes de l'insurrection. Le général Merk, commandant le huitième arrondissement du Piémont, fit imprimer un rapport qu'il avait adressé au Lieutenant général Soult, commandant supérieur en Piémont, sur la cause et les faits de l'an 1801. Bruni, commissaire à Aoste du gouvernement républicain, lui opposa un rapport sous le titre : « *Aperçu des évènements de l'insurrection de la Vallée d'Aoste qui eut lieu dans le mois de Nivose l'an* 9 *républicain.* » Or, Merk assigne comme cause principale du second régiment des Socques *l'abaissement des cloches.* Bruni affirme au contraire que l'abaissement des cloches a simplement servi d'occasion aux ennemis du Gouvernement pour exciter le peuple à l'insurrection, en lui faisant croire qu'on en voulait à la religion, mais que la contre-révolution se tramait depuis longtemps dans la Province d'Aoste, et autres du Piémont, comme il conste par les pièces interceptées et envoyées au Gouvernement.

Chose singulière ! Un autre témoin de l'époque, figurant parmi les plus chauds royalistes, contre Bruni par conséquent, s'accorde avec ce dernier. Nous voulons parler de l'archiprêtre Frutaz dont nous avons cité diverses fois le Mémoire. Voici ses paroles textuelles : « Au milieu de ces détresses et dans la plus grande pénurie de denrées et de leur cherté, outre les agioteurs et les monopoleurs que la liberté rendait impunis, les cerveaux du peuple s'échauffèrent à un point qu'il s'imagina que par l'anéantissement des jacobins, son sort pourrait se méliorer. Sourdement il hourdit une conjuration contre cette race d'hommes qui ne tendaient vraiment qu'au despotisme et à l'impiété. Déjà fâché de voir remplacer les croix que l'on avait substitué aux arbres de liberté, de nouveau enlevées et profanées, fatigué des impôts dont avec sa misère il se voyait surchargé, appuyé d'ailleurs par les mécontentements que le peuple du Piémont et surtout de celui qui avoisine le Bas Val d'Aoste, témoignait depuis longtemps, *il se lia d'intelligence avec lui, et on envoya des émissaires secrets dans les communes respectives pour s'assurer* de leur disposition, ce qui ne put s'exécuter que vers la fin de l'année 1800 ».

Les lignes qui précèdent expliquent les suivantes que nous lisons à la page 5 du *Rapport Bruni*. « Tous les jours, il me parvenait, écrit Bruni, des renseignements sur les sourdes intrigues, et sur les manèges des aristocrates, et surtout des curés, des moines et des émigrés savoyards et niçards, pour exécuter leurs projets liberticides. J'en écrivis au Bureau général de la police, en lui proposant des mesures de de sureté publique, qui n'ont pas été adoptées.»

Bruni accuse ici d'une manière précise les curés, les moines, les émigrés savoyards et niçards. Pour le bien comprendre, il faut savoir que nous avons eu dans la vallée, de 1792 à 1802, plus de cent prêtres et moines émigrés, que le nombre des nobles émigrés savoyards et niçards surtout, était pour le moins égal. Sans aucun doute il y avait là un ferment d'agitation. Il en est qui se complaisent à voir dans ces émigrés autant de martyrs de la religion et de la justice. Mais la vérité est que la révolution française n'avait pas jeté par dessus les montagnes que des perles. De l'écume s'y trouvait. Nous n'en voulons d'autre preuve que ces lignes extraites des Mémoires du cardinal Pacca : « Nel 1791 e ne' due anni seguenti, io fui testimonio della grande emigrazione del clero e della nobiltà di Francia. Qui, come in ogni altra cosa, io non verrò meno alla verità e la dirò colla mia ordinaria schiettezza.... La maggior parte, appartenente alla onorabil classe dei curati, tennero una condotta veramente edificante. Rispetto ai vescovi francesi, devo confessar con dolore che la condotta di alcuno di loro fu ben lungi dal rispondere all'alta opinione che se n'era fatta. All'emigrazione del clero succedette quella della nobiltà.... La maggior parte di questi nobili, sopratutto i gran signori della corte, non esercitavano alcun atto di religione, anzi affettavano pubblicamente una profonda indifferenza per ogni principio religioso. Questi esempi di empietà scandalizzarono in modo grave i buoni tedeschi, fecero assai male alla religione cattolica in Germania. (*Storia universale della Chiesa Cattolica* dell'abb. Rohrbacher — quinta edizione vol. XV — pag. 47-48 — Torino - Giacinto Marietti).

Ces révélations franches d'un prince de l'église jettent un jour précieux sur une certaine catégorie d'émigrés, et nous font croire que Bruni ne les accusait pas tous à tort. Quant aux imputations faites aux curés en général, nous les croyons moins basées, comme du reste la suite de cette histoire le montrera.

Quoiqu'il en soit, voilà ce qu'on pensait et ce qu'on écrivait quelques mois après le Régiment des Socques de l'an 1801, sur les causes de ce soulèvement. Nous allons ajouter par ordre divers faits qui jetteront une lumière abondante et mettront le lecteur à même de juger de la vérité des choses.

Napoléon rentré en France après avoir chassé les Austro-Russes de l'Italie et du Piémont, fit une province française de l'ancien royaume des princes de Savoie. Le Piémont eut un administrateur général dans la personne du général Jourdan qui portait le titre de conseiller d'Etat ; il fut divisé au point de vue territorial en six départements ayant à leur tête un Préfet qui résidait dans le chef-lieu. Les Départements étaient subdivisés en arrondissements avec un Sous-Préfet, et les arrondissements en communes où l'on créa des maires et des municipaux. Quant à l'administration judiciaire, elle était confiée à des tribunaux civils et criminels de première et seconde instance ; ces tribunaux étaient secondés par la guillotine qu'on avait élevée à Turin, place San Carlo. Cette organisation nouvelle fut accompagnée de la création d'un grand nombre de places lucratives, au profit, bien entendu, des patriotes et républicains. Ces places lucratives nécessitèrent des impositions. A ce sujet, l'archiprêtre F. J. Frutaz écrit : « Il n'y avait bientôt plus que les éléments nécessaires à la vie de l'homme qui ne portât un impôt ; les portes et fenêtres des maisons furent soumises, comme les ameublements.» On établit encore les douanes pour l'entrée et la sortie, puis le Bureau d'Enregistrement, *qui était un gouffre inépuisable*, taxant *les successions héréditaires, même de fils à père*, note avec stupeur l'archiprêtre Frutaz.

Comme il arrive presque toujours, ces mesures générales furent rendues plus odieuses encore par les employés de second et de troisième ordre. On le sait, gare aux petits maîtres et aux petites maîtresses ! Or, les jacobins subalternes, c'est-à-dire ceux qui trônaient dans les petites communes, abusaient de leur autorité, faisant enlever les croix de mission, poursuivant les prêtres sur le moindre prétexte, établissant des conseillers municipaux et les changeant sans la participation du peuple, exigeant les impôts avec une rigueur excessive, surtout celui dit de *capitation* (par tête) que le peuple repoussait comme très lourd. Aussi ces petits maîtres étaient désignés par le mot de *Jacobins enragés*. Pour ceux qui n'étaient pas pris de la rage, on semblait les tolérer, si toutefois les cris poussés en 1801 par nos régiments des Socques : « *Vive la France ! Vive la Grande République ! Vive la Nation piémontaise* ! étaient bien sincères.

En somme, une sourde colère serpentait dans la vallée d'Aoste ; les partisans de l'ancien régime se complaient, soufflaient dans le mécontement populaire, et conspirèrent le renversement des jacobins. Le nouveau gouvernement avait choisi pour l'administration de la Vallée d'Aoste l'avocat Bertolliat, natif de Bard, qui exerça le premier les fonctions de commissaire de la République. Quoique chaud patriote, il manquait, parait-il, de l'énergie suffisante en pareil moment. Les clubs où s'élaboraient tous les plans, le regardaient comme un homme trop faible, soit pour réprimer les royalistes, soit pour mener au combat la troupe républicaine. Le pouvoir commissorial de Bertolliat ne fut donc pas de longue durée ; dès le mois de novembre de l'an 1800, on lui donnait un successeur dans la personne d'un certain Bruni de Mondovi, homme énergique, adroit, perspicace, mais violent et même impie, s'il faut en croire divers témoins de l'époque. Probablement il connaissait peu le terrain sur lequel il marchait, ou s'il le connaissait, il n'hésita pas à engager la bataille, sûr de l'emporter par l'audace.

Un des traits caractéristiques de la révolution française est ce mélange de cruautés et de plaisanteries, de mesures sanguinaires et de jovialité, qui pétrifie le spectateur. On se livrait alors à des *orgies de sang*, comme on se livrerait aujourd'hui à des orgies de vices et de voluptés.

Non seulement les bourreaux, mais les victimes elles-mêmes s'y complaisaient. Témoins le *bal des victimes*, les *noces républicaines*, les *bains de la Loire* etc. etc. qui cachaient des atrocités sous des noms gracieux. Là se révèle dans toute sa nudité un effrayant mystère de notre nature déchue : *le goût du mal pour le mal, le goût du sang et des larmes qui se boivent avec ivresse*!! Nos montagnes mêmes eurent de ce mystère une révélation lointaine. Car, de 1793 à 1800, nous vîmes souvent les républicains frapper leurs victimes en riant. Le commissaire Bruni n'est pas tout-à-fait net de cette tache.

Le 26 novembre 1800, il fit cerner le Collège par la Garde Nationale fraichement organisée, puis, en guise de café, au moment même où les Barnabites étaient à table et mangeaient leur dîner, un agent de la République entra et leur dit : « Mes Révérends Pères, vous aurez la bonté d'évacuer vos chambres et de partir dans trois jours, avec autorisation d'emporter chacun tous vos habits. »

Le 16 décembre de la même année, il y eut au couvent des religieuses de Lorraine, répétition de la même scène, quelques circonstances exceptées. Elles étaient à dîner, quand on vint leur intimer l'ordre de sortir le jour même et de ne rien emporter pas même leur linge personnel. A quatre heures du soir, les pauvres religieuses se réfugiaient partie dans le couvent de la Visitation, partie dans celui de Sainte Catherine. Le lendemain 17 décembre 1800, le même sort était réservé aux Cordeliers de Saint François, qui avaient leur couvent où est aujourd'hui notre Hôtel de Ville; Bruni le fit investir, toujours à *l'heure du dîner*, intimant aux religieux de décamper sur le champ pour le Piémont, où ils seraient incorporés dans les autres couvents de l'Ordre. Les meubles, les tableaux, les vases de ces deux maisons furent vendus incontinent et à vil prix. La rapacité et la passion révolutionnaire furent poussées si loin qu'au témoignage de l'archiprêtre Frutaz, il eût été impossible de reconnaitre, soit dans le couvent de Lorraine, soit dans celui des Cordeliers, des maisons religieuses, tant les murs étaient demeurés nus. L'église de Saint François en particulier, qui était un vase étendu et assez beau, avait pris l'aspect d'un théâtre plutôt que d'un sanctuaire. Les autels, les croix, abattus pêle-mêle, avaient été foulés aux pieds, traînés hors des murs ; les pierres mêmes du sanctuaire furent enlevées pour servir d'ornement aux palais de quelques républicains.

Un autre acte avait blessé le sentiment religieux de nos populations. Le second dimanche de l'avent, jour 7 du mois de décembre 1800, tandis qu'un capucin prêchait dans l'église cathédrale, à l'heure des Vêpres, voici une troupe précédée d'un drapeau tricolore, au son du tambour, se présenter dans le lieu saint et demander la bénédiction du drapeau. L'Evêque Solar fit descendre le prédicateur qui était à peine à la moitié du sermon, pria le chanoine Jean-Marie Berluc, curé de la Cathédrale, de monter en chaire pour prononcer un petit discours sur la bénédiction du drapeau, puis bénit l'emblême de la liberté qui lui forçait évidemment la main. Or, réunissez tous ces actes, imaginez ce qu'ils laissent entrevoir derrière les coulisses, et vous comprendrez sans peine qu'un rien pouvait amener une réaction violente et faire déborder la mesure. Bruni offrait beau jeu aux royalistes qui vont saisir l'occasion d'une revanche en soufflant sur un feu prêt à éclater.

CHAPITRE VIIme

Premiers symptômes d'insurrection — L'affaire des cloches — Chatillon donne le signal du soulèvement — La basse vallée prend feu — L'aventure du professeur Perret — Meurtres détestables — Humbert Canta et Veneria curé de Donnas — Fin tragique de Thérèse Canta.

Nous avons vu dans le chapitre précédent que dès le mois d'octobre de l'an 1800 une résistance s'ourdissait contre le gouvernement républicain implanté dans le Piémont et en Val d'Aoste, que le commissaire Bruni par ses violences ne fit chez nous que charger la mine au profit des royalistes qu'il détestait et qu'avec un peu plus de sagesse il aurait pu facilement isoler. Sur la fin de décembre de l'an 1800, le hardi commissaire sentit que le terrain tremblait sous ses pieds. De temps à autre on apercevait des corps de vingt à vingt-cinq hommes dans les environs de notre ville et en diverses communes de la Vallée ; ils exhibaient des feuilles de route imprimées, munies de fausses signatures, celles par exemple du Commissaire et du Commandant d'Ivrée, même du Commissaire d'Aoste. Ces éclaireurs mystérieux portaient le mot d'ordre de village en village, s'assuraient de l'état des esprits, prenaient note des jacobins les plus avancés et en dressaient une liste. Si les faits qui vont suivre ne révèlaient suffisamment l'existence de cette liste, nous en aurions une preuve dans le mémoire de l'archiprêtre Frutaz qui à propos du second régiment des Socques, écrit : « cette armée déploya sans réflexion sa fureur contre les jacobins *dont elle tenait une liste fidèle.* »

Bruni prit des mesures contre ces attroupements de corps explorateurs et les fit disparaître. Mais le pauvre commissaire était sur le bord du précipice, et devait bon gré malgré s'y perdre. Le gouvernement républicain avait ses caisses vides ; vu la difficulté de les remplir d'argent, il pensa au cuivre. En conséquence la résolution fut prise de saisir toutes les cloches, sauf une dans chaque paroisse. Notre ville vit abattre toutes les siennes, à l'exception d'une par clocher et de deux servant pour annoncer l'heure. Durant les fêtes de Noël, il fut donné ordre à tous les municipes de la vallée de descendre leurs cloches sous peine de brigade. La haute vallée généralement favorable au nouvel ordre de choses, s'exécuta sans trop de réclamations; mais il n'en fut pas ainsi dans la basse vallée. La résistance avait été combinée dans le mandement de Chatillon. Lorsque la municipalité républicaine de cette commune se disposait à descendre les cloches que le Gouvernement avait demandées pour en faire de la monnaie, voici que le tocsin retentit. C'était le signal. Une foule de paysans non seulement de Chatillon, mais de Torgnon, d'Antey, de Valtournenche, envahit la bourgade, les environs de l'église, proférant de terribles menaces contre quiconque toucherait aux cloches. Ceci se passait le 1er janvier 1801. Le municipe intimidé se désista de son entreprise. Le lendemain il se rendit à Aoste pour informer le commissaire Bruni de ce qui venait de se passer et lui faire comprendre que sans la force armée on n'aboutirait pas. Bruni leur remet une lettre destinée à la publication, dans laquelle il approuve la conduite de la Municipalité ; *l'invite à s'abstenir d'abaisser les cloches jusqu'à nouvel ordre*, prévenant les habitants que si le moindre trouble avait lieu, leur commune serait livrée aux horreurs de la guerre.

Cette lettre fut regardée comme une capitulation et les paysans crièrent hautement : Victoire ! Mais Bruni, sans perdre de temps, écrit à Turin pour avoir des secours, se concerte avec le commandant de la place d'Aoste, M. Brignoly, et d'un commun accord ils arrêtent d'aller eux-mêmes à Chatillon, à la tête d'une colonne mobile, afin de réduire ceux qu'ils appelaient une *poignée de fanatiques*. Dans la nuit du 3 au 4 janvier la colonne partit d'Aoste et se trouva à Chatillon à six heures du matin. On assembla la municipalité, on saisit les fusils de la Garde Nationale, puis on braqua un obusier contre le clocher de la paroisse afin d'empêcher qu'on ne sonnât le tocsin. Ces précautions prises, le notaire Régis, officier municipal, fut chargé de procéder à l'arrestation des chefs principaux de l'émeute. Il n'en put saisir que deux, et encore ceux-ci lui échappèrent. Nous verrons plus tard comment le malheureux Régis paya cette tentative.

Entre temps, le commissaire Bruni, pour donner un exemple, faisait abattre toutes les cloches, sans exception aucune ; il y en avait treize et sur ces treize cinq furent brisées, les autres huit conservées intactes. Ce rigorisme déplut à la municipalité même que Bruni tâcha d'apaiser en donnant sa parole que deux cloches seraient remontées, l'une pour le culte, l'autre pour l'horloge, mais alors seulement que l'émeute serait apaisée. Néanmoins, les paysans n'étaient pas disposés à mettre bas les armes, un mot d'ordre circule de hameaux en hameaux, on s'attroupe, on se réunit derrière les rocs et les chataigniers et l'on se dispose à attaquer la colonne mobile de Bruni quand elle reprendra le chemin d'Aoste. Bruni en est informé ; vers les trois heures du soir, sa colonne attaque résolument les Socques qui répondent par une vive fusillade, barcèlent la garde nationale jusqu'à Chambave où une décharge à mitraille de l'obusier les disperse et les met en fuite. A dix heures de la nuit, Bruni avec sa petite troupe rentre à Aoste ; le lendemain, cinq janvier, il expédie dans le Valdigne le citoyen Carlin, officier supérieur de la Garde Nationale, afin d'organiser une colonne mobile qui viendrait protéger la ville d'Aoste. Le 6 janvier, Bruni est averti que le général Merk marche sur Chatillon avec 120 gardes nationaux d'Ivrée, et 30 soldats français, auxquels on le prie de se joindre avec le plus de troupes possible. Comme la ville d'Aoste ne pouvait pas être dégarnie, à cause des royalistes prêts à s'y soulever, le commissaire ne put emmener que cent hommes, jusqu'à Chatillon. Les républicains ne pouvaient donc effrayer par le nombre, n'étant que 250; ce qui les rendit moins redoutables encore, ce fut la division qui se manifesta de suite entre Bruni et Merk. Ce dernier avait menacé la commune de Chatillon et celles environnantes d'une amende de quinze mille livres pour les punir de la révolte. Bruni gagné par la municipalité de Chatillon s'y opposa, disant que cette mesure n'aurait contribué qu'à aigrir les esprits. Tandis que les deux chefs s'observaient d'un œil de défiance, voici arriver tout à coup la nouvelle que l'insurrection a éclaté à Donnas, que des milliers de paysans ont pris les armes.

Sans tarder, le général Merk expédie sur Donnas le citoyen Rey, commandant d'Ivrée, avec une troupe de 40 hommes. C'était le 10 janvier. Trois heures après, le citoyen Rey retourne au grand galop, annonce qu'une bande de 600 brigands l'avait assailli, près de Verrès, et que son détachement avait rendu les armes. Cette fâcheuse nouvelle fut atténuée par l'arrivée toute fraiche à Chatillon de la garde nationale de Saint-Pierre, malgré ce renfort, le général Merk ne se crut pas en sureté, et en dépit de Bruni qui opinait pour la lutte sans désemparer, il ordonna la retraite sur Aoste.

Qu'aurait-il pu en effet, avec 300 hommes à peine, dans un milieu très-hostile, avec la perspective d'avoir le lendemain sur les bras quelques milliers de paysans armés ? Les républicains arrivent à Aoste dans la nuit du 10 janvier. Le lendemain Bruni, voyant qu'Aoste même n'était pas une position sûre, propose au général Merk de se retirer au dessus de Pierre Taillée, passage imprenable et où l'on se trouverait au milieu d'une population amie ; de conduire à leur suite des ôtages enlevés parmi les royalistes les plus chauds, dans le double but d'ôter des guides aux insurgés et de garantir les maisons des patriotes. Ici, nouveau dissentiment entre le commissaire et le général qui se croit mieux avisé en recourant à des négociations avec les Socques par l'organe de l'évêque Paul Solar. Sur ce, Bruni se retire dans le Valdigne accompagné des patriotes qui avaient lieu de craindre davantage. Cette retraite s'opérait le 11 janvier 1800. Passons maintenant aux insurgés de Donnas. Voici en quels termes les décrit un témoin de l'époque, l'archiprêtre F. J. Frutaz : « Cette armée de paysans composée de quatre à cinq mille hommes s'avançait depuis les environs d'Ivrée, et comme on ne pouvait pas trouver des armes à feu pour tous, on se contenta d'être munis de bâtons, de tridents, de piques, de sabres, pistolets, épées et haches ».

On reconnait là le régiment des Socques. Nous allons le voir se grossir comme une avalanche sur sa route, au fracas du tocsin qui, retentissant de toutes parts, anime les insurgés et leur amène des recrues nouvelles. N'oublions-pas que les chefs des Socques tenaient une liste fidèle des jacobins, et que le mot d'ordre était leur massacre général. Donnas s'offre à nous comme le premier théâtre de ce drame. Le 9 janvier 1801, le professeur Perret, natif de Saint-Oyen, mort trésorier de notre Hôpital, arrive d'Ivrée à Donnas, accompagné d'un ami qui nous reste inconnu. Ils trouvent la route encombrée de paysans échevelés qui, les voyant vêtus *de fin*, les taxent de jacobins et les menacent de la mort. Perret et son compagnon protestent, mais en vain ; dans un clin d'œil le malheureux ami de Perret est abattu et roule sans vie sur le sol glacé. Saisi d'épouvante, le professeur Perret se dégage, vole vers la bourgade, se précipite dans la première porte qu'il trouve ouverte ; mais les Socques l'ont suivi. Se voyant en face de la mort, sa figure prend une expression terrible, d'une main fiévreuse, il saisit par le manche une broche qui était là, se tourne vers ses agresseurs, leur criant : *le premier qui s'avance est mort* ! puis, adoucissant la voix, il protesta qu'il n'était pas un jacobin, qu'on l'eût accompagné à Aoste, où il était suffisamment connu. Ces déclarations apaisèrent les assassins et Perret put continuer sa route (1).

Alors, la bande des forcenés se mit à parcourir en tout sens le bourg de Donnas, enfonçant les portes, hurlant, vociférant des menaces contre les jacobins et criant à tue tête : « *Vive la Grande République ! mais mort aux jacobins enragés* ! Etaient considérés comme enragés de jacobinisme, la citoyenne Thérèse Canta, son frère le notaire Régis de Chatillon qui venait d'arriver à Donnas, son mari Humbert Canta,

(1) Nous devons ces détails à l'heureuse mémoire de M. le chanoine A. Marguerettaz, Supérieur du Séminaire.

Moretta officier des postes, et le citoyen Longis. Quelques émeutiers pénétrèrent dans les domiciles de Longis et de Moretta qui sortirent par une porte cochère et réussirent à s'évader, puis ágagner le Grand-Saint-Bernard. Quant au citoyen Canta, et à son épouse, ils furent saisis chez eux après avoir eu les portes de leurs maisons enfoncées. Ici se déroulent d'horribles drames que les provocations des jacobins atténuent, mais n'excuseront jamais.

Le 10 janvier 1801, les Socques massacrent le notaire Louis Régis de Chatillon, le même que nous avons vu le 4 janvier procéder à l'arrestation de deux chefs de l'émeute. Son cadavre fut trainé dans la Doire d'où on le tira le 17 janvier 1801, pour l'ensevelir au cimetière de Donnas. On se demande comment le notaire Régis, officier municipal de Chatillon où il habitait, se trouvait le 9 janvier à Donnas. Avait-il appris le danger que courait sa sœur, madame Thérèse Canta, et avait-il voulu le partager ? Ou bien s'était-il rendu dans la basse vallée pour s'entendre avec les républicains, et former un centre de résistance ? C'est ce que nous n'avons pu savoir.

Quant aux époux Humbert et Thèrèse Canta, après avoir été tenus captifs pendant deux jours, ils furent tirés de leur prison pour être conduits à la mort le 11 janvier. Joseph-Humbert

Canta, de Vineuf, diocèse de Turin, était un homme aux mœurs douces, croyant à sa religion et la pratiquant. Mais comme il n'avait jamais pensé que la liberté fût contraire au Christianisme, il manifestait des sympathies pour les réformes sociales ; c'en fut assez pour le désigner aux fureurs des Socques. Voyant qu'il ne lui restait plus que quelques heures à vivre, il demanda de pouvoir se confesser au curé de Donnas, M. Veneria. Ce dernier le reçut à bras ouverts, car le sort de Canta et de sa famille le touchait ; même il pensa et crut pouvoir d'une façon ou de l'autre le sauver. Tous deux entrèrent dans une chambre qu'ils refermèrent ; les Socques firent sentinelle au dehors.

Toutefois les heures se passaient ; des mouvements et des cris d'impatience se manifestaient autour de la maison ; finalement quelques frénétiques frappent à la porte et réclament leur proie. Le curé Veneria se présente et fait observer qu'une confession générale et finale exige du temps. A ces paroles succède un peu de calme. Que firent durant ce répit les deux détenus ? Sondérent-ils les planchers et les murailles, combinèrent-ils des projets de négociation ? Hélas ! l'orage reprenait au dehors, et quelques minutes après la porte cédait aux coups des Socques qui entrèrent furieux, et, apostrophant le curé, lui dirent : « Si vous n'en finissez pas, nous vous finirons nous tous deux.»

Humbert Canta et le curé Veneria s'embrassèrent ; puis les Socques, avides de sang, assommèrent le malheureux Canta et traînèrent son cadavre à la Doire, d'où on le tira quelques jours après pour l'ensevelir au cimetière de Donnas. Le curé, témoin de ce drame, écrivit dans ses registres ces paroles : *A furore populi, libera nos, Domine* ! De la fureur du peuple délivrez-nous, Seigneur.

Le même jour, 11 janvier 1801, un autre assassinat plus exécrable encore, se commettait, toujours à Donnas, sur la personne d'une femme, madame Thérèse Canta, née Régis. Arrêtons-nous un instant devant cette dame dont l'archiprêtre Frutaz nous apprend *qu'elle sut mourir en républicaine*. Thérèse Canta était fille du notaire Jean-Baptiste Régis de Chatillon, et sœur du notaire Louis Régis. Quelques années avant ces faits lamentables, elle s'était mariée à l'insinuateur Canta, dont nous venons de voir la fin tragique.

Femme à l'esprit vif, au cœur compatissant, au caractère intrépide et généreux, mais facile à se porter d'un extrême à l'autre, elle s'était distinguée par une foi ardente et beaucoup de charité envers les pauvres, dont elle aimait à tenir les enfants sur les fonts baptismaux. Malheureusement lorsque les doctrines révolutionnaires prévalurent chez nous, elle les adopta sans réserve et avec d'autant plus de faveur que son frère L. Régis, insinuateur à Chatillon, et son mari Humbert Canta leur étaient dévoués. Elle subit aussi l'influence néfaste d'un certain Fodéré, médecin français, ami de sa famille, et des idées voltairiennes. En deux circonstances l'infortunée dame avait montré son ardeur pour ce qu'on appelait le jacobinisme. Par avance, elle avait été informée des résolutions prises par le gouvernement à propos des cloches, et les divulgua. Elle dit un jour au marguillier de Donnas qu'elle voyait monter au clocher: « Sonneur, vous aurez bientôt fini de sonner vos cloches ». Ce mot se répandit comme une étincelle dans les vallées de Champdepraz, de Gressoney, d'Arnad et ailleurs. Le caractère impétueux de ces populations s'enflamma, on tint dans les villages des réunions orageuses où l'on jura de se tenir prêts et de sauver les cloches. Aussi, quand le décret de les abattre parut, aux fêtes de Noël de l'an 1800, plusieurs communes avaient arrêté déjà leur plan de résistance. A Perloz par exemple, il avait été convenu que lorsque les agents du gouvernement viendraient pour descendre les cloches, il leur serait demandé comme dernière faveur de lancer à toute volée la grande, afin qu'on eût le plaisir de l'entendre une fois encore. Ce devait être là le signal du rassemblement du peuple. Le jour venu, et le signal accordé et donné, voilà qu'en un clin d'œil une foule d'hommes armés de fusils, de fourches et de tridents se trouva dans le chef-lieu de Perloz, cerna le clocher, dressa les tridents, criant avec fureur : « *Jetez à bas les Jacobins, voici de quoi les recevoir* » (1).

Les Socques alléguaient contre madame Canta un autre chef d'accusation. Nous n'y croyons guère, mais ils disaient se souvenir d'un bal qui eut lieu à Donnas pour fêter le passage d'un général républicain, bal où Thérèse Canta, qui en était l'organisatrice principale, aurait eu la coupable imprudence de faire servir quelques cierges et quelques tapis de l'église. Quoiqu'il en soit, on la regardait comme une jacobine enragée.

Cela dit, transportons-nous au 11 janvier 1801. La journée est froide, le sol couvert de neige, le ciel grisâtre ; une grande multitude est réunie à Pierre-Taillée de Donnas, il y a là des paysans mal vêtus, á la barbe inculte, aux traits contractés par la vengeance et la colère. Du milieu de cette houle humaine sortent de temps à autre des cris convulsifs, des mots entrecoupés, puis des bras qui s'agitent, fendant

(1) Nous devons ces détails à l'amitié de M. le chanoine Teppex, Curé de Gressan, qui les apprit du chanoine Jacques Marquis né à Fontainemore.

16

l'air avec fureur. Quelles passions bouleversent ce groupe hideux ? Voyez là une femme pâle, mais ferme, l'œil baissé, l'âme en agonie ; c'est *Thérèse Canta* qu'on va *achever*, selon le mot qui circule dans la foule. Un jeune homme, certain *Glésaz de Vert*, qu'elle-même avait présenté au baptême, s'avance, l'assomme ; après quoi, quelques misérables traînent son cadavre dans la Doire. Les eaux le rejetèrent sur des *glairs* qui depuis portèrent le nom de *glairs* de madame Canta. La dépouille mortelle de la malheureuse femme resta là jusqu'au 19 janvier, jour où elle fut transportée au cimetière de Donnas, mais sans les cérémonies de l'église.

Pour apprécier avec un peu d'exactitude les angoisses qui s'accumulèrent dans ce pauvre cœur, il importe de ne point perdre de vue que le même jour son mari, Humbert Canta, avait été tué, que le coup de mort lui fut porté à elle par un de ses filleuls, et que le jour précédent, au même lieu, avait été assommé son frère Louis Régis, puis traîné dans la Doire.

S'il faut en croire le commissaire Bruni, les paysans après le meutrre de cette famille infortunée, auraient lavé leurs mains dans le sang des victimes. (Voir son *Aperçu*, pag. 15).

En parlant de la maison de madame Canta, l'archiprêtre Frutaz écrit qu'elle *fut pillée et ravagée sans compassion.*

CHAPITRE VIIIme

Le Régiment des Socques en marche sur Aoste — Passage à Bard, Verrès, Chambave — Pillages et nouveaux meurtres -- Le général Merk et l'évêque Solar vont à leur rencontre — Insuccès — Arrivée à Aoste Municipalité nouvelle -- Pillage — Trait caractéristique — Le P. Favre cordelier — Quelques considérations sur la crise sociale des temps modernes.

Les Socques ne perdirent pas de temps; après les pillages, les assassinats des jours 9, 10 et 11 janvier, ils quittèrent Donnas, et se mirent en marche pour Aoste, tenant la fameuse *liste fidèle* des jacobins à massacrer, le long de la route. Le jour 11 janvier, au nombre de trois à quatre mille, nous les voyons à Bard. Leur œuvre dans cette bourgade est ainsi désignée dans le *Mémoire* de l'archiprêtre Frutaz : « A Bard, on récompensa celui qui avait aidé aux français à diriger leur canon vers la porte de communication du fort; il fut jeté sans pitié dans la Doire après avoir avoir été massacré, et son cadavre joignit les trois autres de Donnas ». Cette victime que l'archiprêtre ne nomme pas est le chirurgien Bertolliat de Bard. On l'accusait, parait-il, d'avoir tendu la main aux français lors de la prise du fort de Bard par le général Chabran.

Avant la nuit du 11 janvier, les Socques arrivèrent à Verrès. *Ils y pillèrent plusieurs maisons soupçonnées de jacobinisme*, écrit l'archiprêtre Frutaz, *mais ils ne purent atteindre leurs proies désirées qui avaient prévenu leur poursuite*. Le lendemain, la troupe reprenait son chemin vers Aoste. Ici nous trouvons dans le mémoire de l'archiprêtre, cette phrase caractéristique : « Cette armée de paysans s'augmentait à mesure qu'ils gagnaient du terrain, et le son du tocsin joint à la menace du pillage ou de la mort, fit marcher *jusqu'aux plus hébétés*. » On peut aisément s'imaginer à quelle troupe la ville d'Aoste allait être en proie. Dans la matinée du jour 12 janvier, les Socques envahissaient le bourg de Chatillon. Là deux familles étaient désignées à leurs vengeances ; la première celle du notaire Louis Régis, massacré à Donnas, le 10 janvier ; la seconde, suivant toute probabilité, la maison Bic. Leurs domiciles furent forcés, et à défaut d'habitants, les Socques pillèrent, rompirent et fracassèrent tout ce qu'ils purent atteindre. Cela fait, ils se dirigèrent sur Chambave.

Ici nous comptons parmi les victimes le citoyen Louis-Amédée Ducrue, notaire et secrétaire de la commune, âgé de 36 ans et 5 mois. Son nécrologe dit qu'il fut tué dans sa maison par un accident horrible d'un coup de fusil et mourut subitement le jour douze du mois de janvier vers les neuf heures et demie avant midi, l'an 1801. Il laissa une jeune veuve, certaine *Marie Foassa*, fille de l'avocat J.-B. Foassa d'Asti. Le notaire Ducrue fut victime de rancunes personnelles, comme le laissent entrevoir ces paroles de l'archiprêtre Frutaz: « Ils (les Socques) vinrent ensuite à Chambave, où, profitant du tumulte, quelques particuliers massacrèrent impitoyablement le secrétaire de cette commune par un *mouvement de haine et de vengeance,* sans qu'il eût paru avoir donné *aucune preuve du système.* »

Tandis que ce tas de pillards et de furieux se donnaient libre carrière dans la basse vallée, que faisaient et que préparaient à Aoste les autorités républicaines? Le commissaire Bruni, ne partageant pas les vues du général Merk s'était retiré avec ses adeptes dans le Valdigne. Restaient le général Merk et le commandant Brignoly, avec quelques centaines de soldats et quelques obusiers, au milieu d'une ville divisée et point sûre. Merk qui avait moins de résolution et de perspicacité que Bruni penchait vers des demi-mesures, se figurant ainsi pouvoir sauver la position. Persuadé que la Religion suffirait à désarmer les Socques, il pria l'évêque Solar d'intervenir. Mais il se trompait;

car le fanatisme politique et religieux avait armé les Socques et non la Religion. Nul pillage et nul assassinat n'ont jamais été inspirés par l'esprit évangélique. Les régiments des Socques pouvaient compter des âmes bonnes et simples ; il n'en restera pas moins qu'en somme ils méconnaissaient les premiers principes du Christianisme qui est *Lumière* et *Charité*. Il n'est possible de leur trouver une place dans nos églises qu'à la façon de ces cariatides grimaçantes qui soutiennent parfois les tribunes et les corniches.

Croire que sur de tels hommes, échauffés par le vin, le pillage et le sang, enhardis par leurs succès, la voix d'un évêque pût quelque chose, c'était méconnaitre les instincts des soulèvements populaires. Du reste, s'il faut en croire Bruni, l'évêque Paul Solar avait trop peu de talents pour persuader au peuple la soumission et l'obéissance aux lois. (Voir son *Aperçu*, pag. 18).

Toutefois le général Merk insista auprès de l'évêque qui finit par se rendre. Le 12 janvier, ils quittèrent Aoste, allèrent au devant des Socques jusqu'à Nus. Leurs prières et leurs exhortations ne furent point écoutées. On les étouffa sous les cris : *Vive la République ! Mort aux jacobins !* Même le général fut menacé et mis en joue ; il ne dut son salut qu'à un crucifix qu'il opposa aux insurgés, leur disant : « *Frappez, si vous en avez le cœur* ». Sur ces entrefaites, la ville était dans l'angoisse, et les craintes ne firent que redoubler, lorsque les ambassadeurs de paix revinrent annonçant la guerre.

Effectivement, le 12 janvier, presqu'à nuit tombante, les Socques parurent, criant : *Vive la République ! Mort aux jacobins !* Voici comment s'exprime à ce sujet l'archiprêtre Frutaz, nous lui laissons, comme toujours, son orthographe et son style : « Cette armée indisciplinée dirigea ses pas vers la cité d'Aoste, et y arriva le 12 janvier 1801, vers les quatre heures du soir. Cette troupe, dans un appareil aussi ridicule que crotesque, ne laissa pas de jetter la terreur dans la ville ; d'abord les plus apparents allèrent à sa rencontre jusqu'au pont de Pierre, ensuite l'ancien conseil crut qu'il était nécessaire dans ce rencontre de montrer un air de douceur et de tranquillité, parce qu'on avait tout lieu d'appréhender que l'on eût incendié la ville, comme on le menaçait ».

Si le lecteur désire savoir ce que firent les Socques une fois arrivés à Aoste, nous lui citerons encore et très-fidèlement le mémoire de l'archiprêtre : « Ils allèrent investir toutes les maisons des jacobins et en pillèrent un certain nombre, mais par malheur pour de semblables armées qui marchent sans discipline, ils s'arrêtèrent trop à boire dans les caves des maisons pillées jusqu'à forcer le monde ou à emporter ce qu'il voulait, où à s'ennyvrer, comme ils firent eux-mêmes ; de façon que le lendemain ils cherchèrent inutilement leur proie qui avait pris le devant par le Petit-St-Bernard, à la tête desquels était Bruni qui emporta avec lui son trésor».

Ici l'archiprêtre Frutaz se trompe, car les patriotes, en d'autres termes les jacobins, avaient quitté Aoste, dès le 11 janvier. Les Socques au nombre de cinq mille environ, séjournèrent dans la cité trois jours, obtinrent du général Merk l'élection d'une nouvelle municipalité, l'introduction de divers royalistes parmi les officiers de la garde nationale, la promesse que Bruni serait destitué, et, en attendant, la nomination du commandeur Sébastien Lynty, au poste de Commissaire du Gouvernement républicain. Quant au pillage, qui était la partie essentielle de l'entreprise, il se continua durant les trois jours, ainsi que la recherche des jacobins. Les Socques n'en découvrirent qu'un seul, de Chatillon ; ils l'auraient massacré sur la place de la Cathédrale, dit le mémoire de l'archiprêtre, si le général Merk et l'évêque ne l'eussent sauvé sous de spécieux prétextes. Parmi les maisons pillées, on signale celle de l'archidiacre Defey, et la chambre du père Favre qui était regardé comme un jacobin déclaré. Nous en parlerons plus tard.

Curieuse était cette horde de paysans, la plupart ivres, mal vêtus, plus mal chaussés, circulant en désordre d'une rue à l'autre, fouillant les maisons, sortant chargés de linges, de meubles, à défaut d'argent. Un ancien curé de Saint-Ours, M. Pramotton, homme de beaucoup de cœur et d'esprit, se plaisait à raconter l'anecdote suivante, qui est, en effet, caractéristique. Durant le pillage des maisons suspectes, en 1801, il arriva qu'on portait le Viatique à un moribond. Tandis qu'on longeait une rue, voici, à un angle, déboucher un paysan du Régiment des Socques, tenant sur sa tête une grande et magnifique glace. Le brave homme tombe à genoux devant le Très-Saint ; et c'était quelque chose de fort original à voir que ce larron empoignant son larcin et adorant le Dieu de Justice.

Si toutefois l'on se rappelle, que Leibnitz, le grand, le savant Leibnitz, sur la fin du dix-septième siècle, proposait, en guise de moyen pour pacifier l'Europe, d'unir les peuples chrétiens pour réduire, anéantir les infidèles: juifs, païens, ou mahométans qu'ils fussent ; qu'il osait les comparer à des espèces de bêtes fauves qu'on traque par divertissement et pour faire diversion ; on comprendra notre paysan de l'an 1801, et ce renversement des notions les plus élémentaires de la morale quand il s'agit d'un ennemi ou religieux, ou politique.

Les excès des Socques dans la ville d'Aoste,

pendant leurs trois jours de domination, firent une impression défavorable sur les communes du haut val d'Aoste, et faillirent même déterminer un contre soulèvement. Voici en effet ce que nous apprend le mémoire de l'archiprêtre : « Cette insurrection de paysans jetta une influence dans l'esprit du peuple de la haute val d'Aoste qui, quoique invité, ne fit aucun mouvement, et qui donna quelques preuves de son zèle au retour de certains jacobins qui s'étaient cachés dans la Valdigne, et un d'entre eux aurait péri, sans une pauvre femme qui le cachât après avoir été meurtri de coups, ce qui occasionna un procès et des arrestations qui se terminèrent par la fuite. »

Cette révélation n'étonnera personne si on la rapproche de la page où Bruni affirme que le peuple de la Haute Vallée, « très-dévoué à la bonne cause, accueillit les patriotes fugitifs *avec empressement.*» Sur la fin du jour 15 janvier, la ville était finalement délivrée des Socques qui s'étaient retirés avec leur butin. Nous verrons que plus tard on tâcha de leur faire rendre gorge, mais avec peu de succès.

II.

Parmi les figures saillantes de cette époque, se présente celle d'un religieux conventuel, le père Favre que les royalistes et les Socques de l'an 1799 et de l'an 1801, plaçaient parmi les jacobins enragés. On sait qu'il faut se défier beaucoup des appréciations de parti ; aussi peut-on se demander si le père Favre a été jugé sainement oui ou non. Caractère impétueux, il passa quelquefois la mesure, cela est hors de doute ; mais sa figure n'en est pas moins fort remarquable. Il était né à Ayas le 14 mars 1764 ; en 1783, c'est-à-dire à l'âge de dix-neuf ans, il fit profession au couvent de Saint-François ; lorsque la révolution éclata, il avait vingt-cinq ans à peine, et trente lorsqu'elle commença à travailler la vallée d'Aoste. Sur la fin de l'année 1800, il fut établi préfet de notre Collège et professeur de physique et de philosophie; là, son beau talent et son goût pour les ascensions métaphysiques brillèrent d'un vif éclat. Désigné comme *jacobin*, il eut à souffrir des Socques de 1799 et de 1801. A partir de cette époque, sa vie fut moins traversée, si ce n'est que son âme vivement attachée à la foi chrétienne d'un côté, et à la liberté de l'autre, dut être torturée par les oscillations de cette époque de crise terrible. (1) A l'âge de cinquante-six ans, nous le voyons desservir la modeste paroisse de Saint-Germain qu'il édifia par l'austérité de sa vie et son désintéressement. Sa réputation de prédicateur distingué le faisait appeler quelquefois pour prêcher dans notre ville, et ce fut sur la chaire de la Collégiale, le 21 février 1832, que le père Favre fut subitement frappé d'un coup d'apoplexie, dont il mourut seize heures après.

Le P. Favre, comme tous les prédicateurs qui respectent la parole de Dieu et leur auditoire, travaillait ses sermons avec un soin pieux, *et les écrivait littéralement.* Ce fait seul révèle un homme pénétré de la hauteur de sa mission, sachant s'imposer un travail pénible et assidu, désireux de féconder, d'étendre son talent par le sacrifice et l'étude. Il n'était pas de ces improvisateurs hardis, vrais fléaux de la chaire autour de laquelle s'opère le vide, parleurs sans style, sans fond, sans méthode, qui rappellent le prêtre mentionné dans la vie de l'illustre évêque d'Amiens, M. de la Motte, prêtre dont il est écrit qu'il montait en chaire sans savoir ce qu'il allait dire, qu'il y restait sans savoir ce

(1) Il existe une rétractation imprimée du P. Favre ; elle contient une page et demie, et ne porte aucune date. On y sent une âme qui ne se ménage pas l'humiliation.

qu'il disait, qu'il en descendait sans savoir ce qu'il avait dit ! Pour le P. Favre la prédication était un ministère sacré. Ses sermons, quoique non imprimés, ont eu l'honneur chez nous d'une reproduction orale durant une soixantaine d'années. D'abord, ils tombèrent entre les mains d'un chanoine de la Cathédrale d'Aoste, qui plus tard les vendit à un autre prêtre, lequel savait les faire valoir par une voix pleine, sonore, une action appropriée et saisissante. Toutefois dans la bouche de leur auteur ils devaient être autrement beaux ces discours qui rappellent le beau style de Massillon, mais avec une vigueur de pensées et une vivacité de coloris particulières. Tel est le moine que les Socques auraient volontiers, pour plaire à Dieu, mis en pièces, dans l'année 1801.

Par la grâce d'en haut, le jugement n'appartient pas aux hommes, mais à Dieu seul, juge incorruptible, infaillible et paternel. Cependant, au sujet du père Favre, on peut à cette heure saisir les principaux traits de sa figure. Ce moine au cœur droit et de haute intelligence, avait le pressentiment de l'œuvre divine dans les sociétés modernes. Par dessus les écarts et les excès de haine, de sang et de libertinage qui se mêlèrent à la révolution française ; par dessus cette fournaise ardente où tous les éléments sociaux se trouvaient en fusion, son âme entrevoyait l'Esprit de l'Evangile couvant l'Humanité et préparant des réformes sociales absolument nécessaires, quoiqu'on en dise. Avoir entrevu ou mieux pressenti l'avenir, l'avoir manifesté, c'est pour lui un mérite non ordinaire.

Si de nos jours nous entendons une des gloires de l'épiscopat français, Dupanloup, s'écrier : « Nous acceptons et nous invoquons les principes et la liberté proclamée en 1789 » (1) ; si nous voyons une des lumières du Sacré Collège, le cardinal Alphonse Capecelatro, écrire : « Io dico che la rivoluzione francese nei suoi albori intese a distruggere il dispotismo pagano della monarchia assoluta, » et ajouter : « alcuni volendo esser nimici di rivoluzione, paiono o sono nimici di molti beni sociali, che derivano da Cristo, vivono di Cristo ; » (2) si nous voyons s'associer à ces sentiments des hommes du plus haut mérite et d'une religion profonde, tels que les Ventura, les Rosmini, les Cantù en Italie ; les Chateaubriand, les Bougaud, les Lacordaire, les Montalembert en France ; les Newmann en Angleterre ; les Donoso Cortez en Espagne ; on ne s'étonne plus ; ou si quelqu'un s'étonne encore, il retient l'anathème, pour peu qu'il ait du sens. C'est que depuis cent ans, l'horizon s'est éclairci, les ténèbres sillonnées

(1) De la Pacification religieuse -- pag. 306.

(2) Scritti vari religiosi e sociali --- pag. 392-387.

d'éclairs sinistres qui voilaient le ciel de 1789 à 1800 surtout, se sont en partie dissipées : on est aujourd'hui plus calme et l'on commence á pouvoir jouir d'une vue d'ensemble et à discerner mieux chaque chose.

Telle n'était pas la position du père Favre. Au reste, quels reproches avons-nous vu lui adresser ? D'avoir dans un manifeste aux valdôtains, ayant pour texte : *Liberté-Egalité*, désapprouvé hautement les deux premiers régiments des Socques. Et qui ne les condamnerait ces émeutes déshonorées par l'assassinat, l'ivresse et le vol ? Prétendre les couvrir du manteau de la religion, serait mentir à la vérité historique, et ne voir dans les faits que l'écorce grossière. On reprocha au père Favre l'amitié de Bruni; or, la figure de Bruni est encore une de celles qui ne sont pas faciles à saisir. Nous n'avons pas dissimulé ses torts, mais pour être juste il faut noter qu'à la place des Barnabites expulsés du Collège en 1800, il plaça des hommes certainement dévoués aux principes chrétiens : le père Favre, préfet et professeur de phisolophie ; le père Frassy, barnabite, professeur de Rhétorique ; le père Guichardaz, barnabite, professeur d'Humanité ; le père Piota, barnabite, et le religieux Abram de Verrès, professeurs de grammaire. Il y a là des noms recommandables.

On l'accusait encore de prêcher et de conseiller qu'on prêchât non seulement les devoirs de l'homme, mais encore ses droits. Or, le P. Favre ne suivait en cela que l'exemple du grand apôtre des Nations, qui disait aux fidèles : *Vous êtes tous les fils de Dieu par la foi . . . Il n'est plus de Juif, ni de Gentil, plus d'esclave, ni de maître ; car vous êtes tous un dans le Christ Jésus* (S. Paul aux Galates — chap. III — versets 26, 28). Au dessus de l'exemple de Saint Paul est celui de notre unique Maître, de Jésus-Christ. Ce fut de ses lèvres divines que tombèrent ces adorables paroles : *Vous savez que les princes des nations les maîtrisent et que les grands de la terre les tiennent sous leur puissance. Mais il n'en sera pas ainsi parmi vous ; au contraire, quiconque voudra être grand entre vous qu'il soit votre serviteur, tout comme le fils de l'homme n'est pas venu pour être servi, mais pour servir. . . . Ne vous faites point appeler Maîtres, car vous n'avez tous qu'un seul Maître qui est le Christ.* (Ev. Matth. ch. 20 v. 16 — chap. 23 v. 10). Ces paroles indiquent assez que le réveil de la dignité morale est indispensable à la beauté complète de l'homme ; qu'y travailler, c'est une œuvre grande et sainte.

On a toutefois reproché avec raison au P. Favre d'avoir opiné dans un écrit pour l'expulsion des membres des communautés monastiques, ce qui était un attentat à la liberté civile et religieuse, d'avoir présidé, lui qui avait renoncé au siècle, des assemblées tumultueuses et révolutionnaires. Tout en déclarant n'y avoir rien avancé dans ses discours qu'on puisse appeler *impie* et *irréligieux*, le P. Favre lui-même regretta et réprouva ses actes.

Nous avons parlé de *réformes sociales absolument indispensables*, quoiqu'on en dise. Afin de montrer que sur un sujet si grave, nous n'avançons rien à la légère, nous fournirons nos preuves principales. Le grand mal de la société qui précéda la Révolution était l'omnipotence royale poussée à un point qu'on dirait impossible, si l'impartiale histoire n'était là pour le témoigner. Louis XIV par exemple, dans ses *Mémoires* à son fils, pose comme un dogme fondamental le principe suivant : « Tout ce qui se trouve dans l'étendue de nos états, de quelque nature qu'il soit, nous appartient au même titre, et doit nous être également cher. Les deniers qui sont dans notre écrin, ceux qui sont dans les mains de nos trésoriers, et *ceux que nous laissons dans le commerce de nos peuples*, doivent être par nous également employés avec égards . . . . Tu dois donc premièrement être persuadé *que les rois sont maîtres absolus, et ont naturellement la disposition pleine et libre de tous les biens* ».

Infatué de ce principe et conseillé par le célèbre ministre Colbert, Louis XIV osa un jour se présenter au Parlement de Paris pour s'y déclarer délié, en vertu de son droit royal, de toutes ses dettes à l'égard de ses créanciers ! ! (V. *Rohrbacher — Hist. de l'Eglise - vol. 14 - pag.* 160 - *édition Marietti* - 1874). C'est en partant d'un pareil principe qu'à la mort de Charles II, roi d'Espagne, le conseil de régence écrivit à Philippe V, le 3 mars 1700: « Nous disons à Votre Majesté que le successeur du roi défunt peut venir sans délai prendre possession de cette Monarchie et *en disposer comme de ses propriétés particulières.* »

C'est toujours en vertu de ce principe, que divers princes du nord de l'Europe, en plein dix-huitième siècle, louaient leurs soldats au plus offrant, comme on louerait un cheval, et pour comble d'iniquité, se réservaient à eux les trois quarts de la solde, trafiquant et s'engraissant ainsi du sang de leurs sujets.

C'est encore et toujours en vertu de ce principe reçu dans presque toutes les cours et révéré par la tourbe des flatteurs, que notre bon roi Victor-Emmanuel I, à l'époque de la Restauration, accordait à divers nobles ce qu'on appelait des *billets royaux* qui les exemptaient tout simplement de payer leurs dettes ou partie de leurs dettes !

Or, suivons dans l'histoire les conséquences de ce despotisme païen. Voyez derrière l'omnipotence royale tortueusement se mouvoir tantôt les caprices d'une courtisane, tantôt les ambitions malsaines d'un favori, voyez les impôts levés sans contrôle populaire, dilapidés souvent en folles dépenses lorsqu'ils n'allaient pas se perdre *dans un Parc aux Cerfs* ; voyez des guerres sanglantes entreprises pour de simples motifs de gloire et de vengeance personnelles ; à ces abus qui étouffaient une partie de l'Europe, ajoutez l'iniquité manifeste, générale de ne soumettre aux impôts et aux corvées que le simple peuple, accordant l'exemption aux classes riches et privilégiées ; ajoutez les *servitudes dites personnelles*, le très-difficile accès des enfants du peuple aux hautes charges civiles et militaires (1) ; l'inégalité des citoyens devant la loi, et la

(1) A propos de charges militaires, nous ne citerons, parmi tant d'autres, qu'un seul fait très-caractéristique. A l'époque de la restauration de la monarchie de Savoie au milieu de nous, le Roi Victor-Emmanuel I pensa à former un beau régiment sous le titre de *Piemonte Reale*. Pour remplir le cadre des officiers, on nomma quantité de jeunes nobles qui n'avaient jamais appris le maniement des armes, laissant de côté ou faisant perdre leur grade aux vétérans de l'armée. Parmi les jeunes nobles parvenus, se trouvait Massimo d'Azeglio, âgé à

différence des peines appliquées, suivant que vous étiez né dans une cabane ou dans un palais ; ajoutez encore la liberté individuelle exposée à l'arbitraire des puissants et peu garantie par les lois, et vous verrez qu'il y avait des réformes sociales nécessaires, et vous comprendrez la portée de cette parole du cardinal Capecelatro : « *Alcuni volendo esser nimici di rivoluzione, paiono o sono nimici di molti beni sociali, che derivano da Cristo, vivono di Cristo* ».

Baissons le rideau sur d'autres misères ; notre but n'est pas d'accumuler d'odieuses récriminations sur des temps qui ont eu, malgré tout, leur grandeur et leur beau côté, mais bien d'accorder ses droits imprescriptibles à la vérité. Vouloir la méconnaitre ou simplement la dissimuler, c'est noircir le présent sans profit honnête, c'est perpétuer dans la

peine de 18 ans. Cette faveur injuste blessa son âme droite, et il écrit là dessus ces paroles : « *Quel che si chiama precisamente il mondo a rovescio. A noi, cavalierini, dato senza merito ; tolto a loro quel che s'erano comprati col loro valore e col loro sangue* ». (*Ricordi* — *pag.* 127). Quand les officiers imberbes du *Piemonte Reale* durent commander les manœuvres, ce fut comique. « Nos inférieurs, ajoute Massimo d'Azeglio, nos sergents et soldats presque tous sortis de la première école du monde, riaient de nous sous leurs moustaches, en notre présence ». Et pourtant le Piémont n'a jamais été le pays où l'on put contempler le curieux phénomène d'un enfant conduit à la promenade par sa nourrice, et portant la devise de major ou de colonel !

société moderne une mésintelligence, une guerre qui ne peut cesser que par l'aveu de part et d'autre de la vérité nue et simple. En s'obstinant à peindre le passé sous de magnifiques couleurs, et sans ombres, à quoi aboutissez-vous en effet ? Vous aboutissez d'un côté à grossir par erreur le nombre des hommes qui maudissent la génération actuelle, sous prétexte qu'elle tient ensevelie la meilleure des sociétés possibles ; d'un autre côté vous accumulez sur le passé les haines de la société moderne qui n'avouera jamais ses torts, tandis que le passé se drapera dans les siens ; en un mot, vous éternisez une guerre fratricide, et vous écartez de ce grand foyer de lumière et d'amour qu'on appelle le Christianisme, quantité d'âmes qui s'y baigneraient et s'y sauveraient. Sans doute la société actuelle n'est pas l'idéal, ni le phénix des sociétés ; elle a ses taches dont nos arrière-neveux se scandaliseront peut-être ; mais elle restera quand même comme une étape mémorable vers un monde où l'Esprit de Jésus-Christ s'incarnera de plus en plus. *L'Humanité s'agite, Dieu la mène.* Ce principe est visible d'un bout à l'autre de l'Histoire, qui est une démonstration lumineuse de la Providence et de son œuvre divine, à laquelle, bon gré malgré, tout se plie.

CHAPITRE IXme

Les Socques en marche sur Ivrée, mais trop tard — L'avocat Laurent Martinet pacifie le pays — Quelques arrestations et condamnations à mort — Le clergé inculpé — Missions prêchées à Chatillon, Donnas et Verrès pour obtenir la restitution des biens volés — Gouvernement régulier — Le Sous-Préfet Martinet et le maire J.-B.-A. Réan plus tard intendant de la province — Conclusion.

Au nombre de cinq mille environ, les Socques quittèrent la ville d'Aoste le 15 janvier 1801, ayant pour mot d'ordre de marcher sur Ivrée, après avoir déposé leur butin. Les patriotes Canavaisans qui connaissaient la trame ourdie entre les Socques et les insurgés du Canavais, s'étaient enfermés et fortifiés dans la ville d'Ivrée. Mais les paysans des environs s'en seraient rendus maîtres, si les valdôtains ne s'étaient pas attardés au pillage d'Aoste, et n'étaient arrivés trop tard à leur aide. En effet, quand ils furent sur le point de combiner leurs forces réunies, voici paraitre dans le Canavaisan quelques régiments français, avec de la cavalerie. *Il fallut donc se retirer,* écrit à ce sujet l'archiprêtre Frutaz, *pour n'avoir pas été d'intelligence* ».

Du reste, le gouvernement de Turin avait finalement pris des mesures pour ramener au devoir les Socques de la Basse Vallée. En remplacement de Bruni, il nomma commissaire de la République l'avocat Laurent Martinet et lui confia deux colonnes mobiles. Martinet commença par publier un manifeste, où était promise une amnistie à quiconque mettrait bas les armes et rentrerait dans son foyer. Comme, malgré cette proclamation, il restait à Donnas quelques germes de révolte, il y fit marcher ses deux colonnes mobiles, dont l'une suivit la grande route, et l'autre prit les sentiers de la montagne. Le chef d'une de ces colonnes étant arrivé près du hameau de Bondon, vit un homme debout, adossé à un grand roc : c'était François Dalbard, un des chefs de l'émeute ; il lui cria s'il était bien le chef du régiment des Socques, et de vouloir bien descendre. François Dalbard répondit affirmativement et descendit. On lui laissa entrevoir que si les insurgés se soumettaient, tous auraient la vie sauve, excepté ceux qui avaient abattu l'arbre de la liberté, qui devaient être dénoncés et livrés. Sous la date du 20 janvier, la municipalité de Donnas s'adressait au citoyen Martinet, *pour le supplier de daigner implorer le pardon des excès commis dont sont faits mille actes d'excuses au nom du peuple.*

Le pardon imploré fut obtenu, sauf quelques

restrictions. François Nicco, Joseph Dalbard, Grat Bondon, tous les trois dénoncés pour avoir abattu l'arbre de la liberté furent fusillés à Chivasso, ainsi que François Dalbard dont il s'agit plus haut. Parmi les victimes de cette insurrection, nous trouvons encore le géomètre Bens de Verrès, accusé du chef de révolte et fusillé à Chivasso. La même commission militaire par devant laquelle passa Bens, jugea aussi le prévôt de Verrès, M. Chentre, qui après une détention de deux mois et 10 jours fut élargi, moyennant une assez forte somme. Ce qu'il y a de plus mystérieux dans cette affaire, c'est que Chentre et Bens avaient accompagné, le 16 janvier 1801, c'est-à-dire quelques jours après les excès les plus condamnables des Socques, le général Merk jusqu'à Ivrée, et qu'ils furent mis en arrestation presque immédiatement. Est-ce que le général leur avait tendu un piège ? Ou bien les avait-il pris comme une sauvegarde ? Ou bien le général même était-il suspect aux républicains ? Nous aimerions beaucoup que quelqu'un pût faire disparaître tous ces points d'interrogation (1).

(1) Nous savons par exemple que le général Merk fut sur le champ privé du commandement militaire qu'il avait en 1801, dans le huitième arrondissement du Piémont. Quant à Bruni, nous le voyons, en 1801, chef de division au Bureau général des finances.

Le commissaire Martinet qui, au témoignage de l'archiprêtre Frutaz, *usa d'abord de son autorité avec beaucoup de prudence*, après avoir pacifié la Basse Vallée, donna des ordres pour le désarmement, fit procéder à des visites exactes, et publier l'ordre à tout individu de consigner les armes, sous de graves peines. Cela fait, les patriotes qui étaient tous de retour dans leurs foyers, s'adressèrent à lui pour obtenir une réparation aux vols dont leurs familles avaient été victimes. Comme des poursuites judiciaires étaient impossibles, on eut la pensée de faire appel à la conscience des Socques. Une mission fut donc organisée dans les principaux centres de la révolte, c'est-à-dire Chatillon, Verrès et Donnas. L'évêque Paul Solar, le prévôt Chappellain, l'archidiacre Pierre Capello, le chanoine J. B. Berguerand se chargèrent de cette campagne apostolique, mais, de l'aveu de M· Chappellain même, les restitutions furent rares (1). La colère des patriotes, et même d'une partie du peuple, était à cette époque fort vive contre le clergé. On le faisait responsable des crimes commis. *Plusieurs curés*, dit l'archiprêtre Frutaz, *furent obligés pour éviter toute poursuite, de se tenir quelque temps dans le secret des maisons écartées, sous le noir soupçon d'avoir trempé dans*

(1) Le chanoine A. Marguerettaz de qui nous tenons ces détails, les avait appris du prévôt Chappellain.

cette insurrection, ou l'avoir prêchée . . . ce qui occasionna pendant quelque temps une haine implacable contre le clergé. On voulut même, ajoute-t-il ailleurs, *accuser un ecclésiastique pasteur qu'on conduisit à Turin. Les motifs d'accusation paraissaient assez graves pour donner lieu à une condamnation capitale, mais sa pleine justification effaça toute la malice des intrigues qu'on avait formées pour sa perte.*

Cet ecclésiastique pasteur dont le mémoire de l'archiprêtre cache le nom, est M. Vénéria, curé de Donnas. Il fut arrêté dans la seconde quinzaine de septembre 1801, se vit mettre par les soldats un chaudron sur la tête, en guise de casque, et conduit ainsi à la citadelle de Turin, d'où il ne sortit que le 16 mai 1802, après que son innocence fut reconnue. Les accusateurs des curés de Donnas n'ont pas la main heureuse ; démentis en 1801 ; plus ouvertement démentis encore en 1854, où de l'homme bon, expansif et le moins fait pour conspirer, ils prétendirent faire un noir conspirateur. Le curé Humbert Vénéria vit arrêter en même temps que lui plusieurs de ses paroissiens, suspects de révolte, tels que Marc Antoine Favre, Jean-Baptiste Nicco, le notaire Follioley, Joseph Bosonin, Etienne Comparione, et Joseph Dallou, qui tous, à l'exception des deux premiers, furent emprisonnés à la citadelle de Turin, où moururent Joseph Dallou le 19 fév. 1802, et Comparione le 27 février, même année. Selon toute probabilité ils avaient été condamnés à la peine capitale. Quant à Etienne Comparione, natif de Montestrutto, et habitant à Donnas, on le disait un sujet dangereux, dont le Municipe de Donnas désirait être débarrassé. Marc-Antoine Favre et J.-B. Nicco furent enfermés au château d'Ivrée.

Avant de clore ce modeste livre, qu'on me permette de rappeler aux valdôtains le souvenir de deux hommes qui, par leur haute influence, contribuèrent beaucoup à pacifier notre pays après les évènements de la Terreur rouge et noire. Notre ami, le docteur Anselme Réan, a bien voulu nous communiquer des documents qui permettent d'apprécier avec justice deux personnages qui, de 1792 à 1802, figurèrent dans des partis politiques divers, mais tous deux élevés dans leur conduite et leurs vues ; nous voulons parler du S. Préfet Laurent Martinet et de l'Intendant J. B. Anselme Réan. Le premier, après avoir été commissaire, au temps de la République, fut S. Préfet, sous l'Empire. L'Intendant Réan, dans un discours que nous avons sous les yeux, et qui fut prononcé en 1808, l'appelle : « un homme à rares talents qui dirige avec tant de sagesse et de succès les intérêts de tout l'arrondissement, et pour qui l'art de manier les affaires les plus ardues et les plus délicates, n'est qu'un pur amusement ».

Quant à M. Réan, il fut nommé en 1808, maire de la cité d'Aoste par Napoléon. En lui faisant part de cette nouvelle, le S. Préfet Martinet lui écrit : « Je félicite vos concitoyens de l'heureux choix qui leur rend un magistrat chéri, dont la retraite était une calamité publique et un crime de la révolution ».

Voilà de part et d'autre une grande et noble conduite. On dut être au large avec ces hommes qui savaient se placer dans les régions sereines de la vérité, de la justice, du bien public, sans laisser monter jusqu'à eux la voix de l'égoïsme, de la flatterie, de l'intérêt, de la parenté. De tels personnages sont une providence, tout comme ceux qui, selon le mot de Fénelon, *n'ont du goût que pour les hommes souples et rampants*, et voient le mérite d'un œil jaloux, sont une calamité publique. Qu'en est-il lorsqu'à ce goût s'ajoute l'*auri sacra fames* des païens, la faim sacrée de l'or, dans laquelle S. Paul voit la racine de tous les maux ? ! *Radix omnium malorum cupiditas.*

Nous voilà finalement arrivés au terme de ces jours de colère aveugle qui s'étendent entre 1792 et 1802. La barque valdôtaine si longtemps en proie à une mer houleuse va reprendre sa marche, non pas vers le passé, mais vers un avenir meilleur. Car « quiconque médite bien, écrivait dernièrement le cardinal Gibbons, archevêque de Baltimore, quiconque médite bien les voies par lesquelles la divine Providence, guide l'histoire contemporaine, ne peut pas manquer de reconnaître la part importante qu'y prend à présent et que doit y prendre dans le *futur le pouvoir du peuple* (1). » *Dans l'ère future*, a dit le célèbre cardinal anglais, Manning, *ce n'est pas avec les princes et les parlements, mais avec les grandes masses, avec le peuple que l'Eglise aura à traiter. Que nous le voulions ou non, voilà notre œuvre, une œuvre pour l'accomplissement de laquelle, il nous faut un nouvel esprit, une nouvelle direction de vie et d'activité.*

La petite histoire que nous venons de tracer, quoique fort restreinte en elle-même, contient ces principes et ces conséquences. Nous avons vu, malgré la résistance de la monarchie et de la noblesse, malgré l'épouvante du clergé, malgré surtout les fautes, les excès des républicains, nous avons vu la cause de la liberté, le pouvoir populaire gagner incessamment du terrain. Et les hautes intelligences voient de plus que la crise sociale n'est pas finie, que l'Humanité en marche ne s'arrêtera pas de si tôt.

---

(1) Lettre au cardinal Simeoni — 20 fév. 1887.

Citons Frédéric Ozonam, l'apôtre de la science et de la charité : « Ce que je sais d'histoire, écrivait-il, me donne lieu de croire *que la démocratie est le terme naturel du progrès politique et que Dieu y mène le monde*. Mais j'avoue qu'il y mène par de rudes chemins, et que si je crois à la démocratie, c'est malgré des excès qui seraient capables d'en dégoûter les gens de bien. (*Correspondance — vol. II*). Ajoutons ces superbes paroles de Chateaubriand, qui ouvrent dans l'avenir un horizon où le Christianisme apparait fécondant la liberté : « Loin d'être, dit-il, à son terme, la religion du Libérateur entre à peine dans la troisième période, *la période politique*. Quand le Christianisme aura atteint son plus haut point, les ténèbres achèveront de s'éclaircir ; la liberté crucifiée sur le Calvaire avec le Messie, en descendra avec lui ; elle remettra aux nations le *Nouveau Testament écrit en leur faveur et* JUSQU'ICI ENTRAVÉ DANS SES CLAUSES. (Mémoires d'Outre-tombe).

QUELQUES CORRECTIONS.

A la page 160 lisez : le fameux *général* Mallet. — A la page 205 lisez : Le blocus (de Bard) ne dut pas commencer avant le 26 mai. — A la page 214, lisez : les faits relatifs à la *prise* du fort de Bard. — A la page 240, lisez : dans les vallées de *Champorcher*, de Gressoney.

Note sur l'archiprêtre Frutaz.

M. l'abbé G. Frutaz, professeur au Collége d'Aoste, nous communiqne sur l'archiprêtre F.-J. Frutaz, la notice suivante :

« *François-Joseph Frutaz* fils de Jean Pierre, de Torgnon, et de Jeanne-Françoise Avoyer, de St-Remy, naquit à Aoste (S. Laurent) le 1er février 1758.

« Il fut d'abord bénéficier à la Collégiale, puis vicaire de Gignod, sous le curé Jean-Pierre Monterin, auquel il succéda le 25 juillet 1794. Les vingt six ans de son ministère dans cette paroisse, furent des plus pénibles. Il donna, pendant la révolution, l'hospitalité à beaucoup de prêtres français émigrés. Ardent royaliste, il fut souvent inquiété, à l'époque des troubles révolutionnaires, et même recherché par le commissaire qui gouvernait la Vallée. Il eut la douleur de voir sa paroisse pillée et presque réduite à la misère par les troupes du Premier consul venant du S. Bernard. Aussi, il salua avec bonheur, en 1814, le retour de Victor-Emmanuel I dans ses états.

« L'archiprêtre Frutaz travailla beaucoup pour la réforme des mœurs et l'instruction de sa paroisse, et surtout pour promouvoir des vocations ecclésiastiques ; mais sans beaucoup de résultats. D'un caractère ardent et tranché, il eut à lutter contre des difficultés de toutes sortes. Fatigué et souffrant, il résigna sa cure, en 1820, et quitta la paroisse « *cujus animarum cura et regimen difficillimum, post vitam multis exagitatam procellis* ».

« Après avoir enseigné, pendant quelque temps, la théologie au couvent de Verrès, dont son frère Pierre-François Frutaz était prévôt, il vint passer ses derniers jours à Chatillon où il mourut, le 31 octobre 1825. »

TABLE [illegible] DES [illegible]

PREMIÈRE PARTIE.

SECONDE PARTIE

TROISIÈME PARTIE

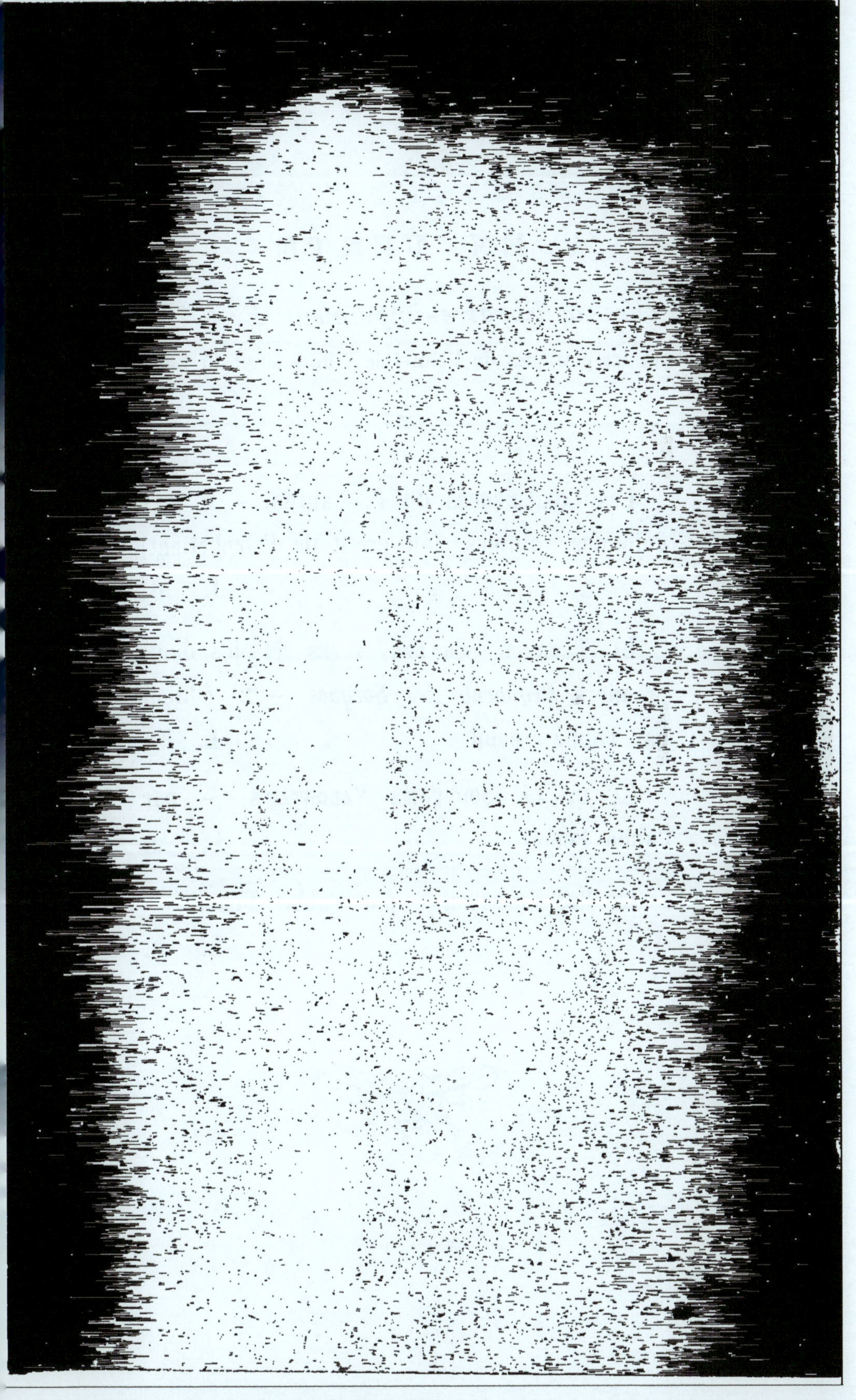

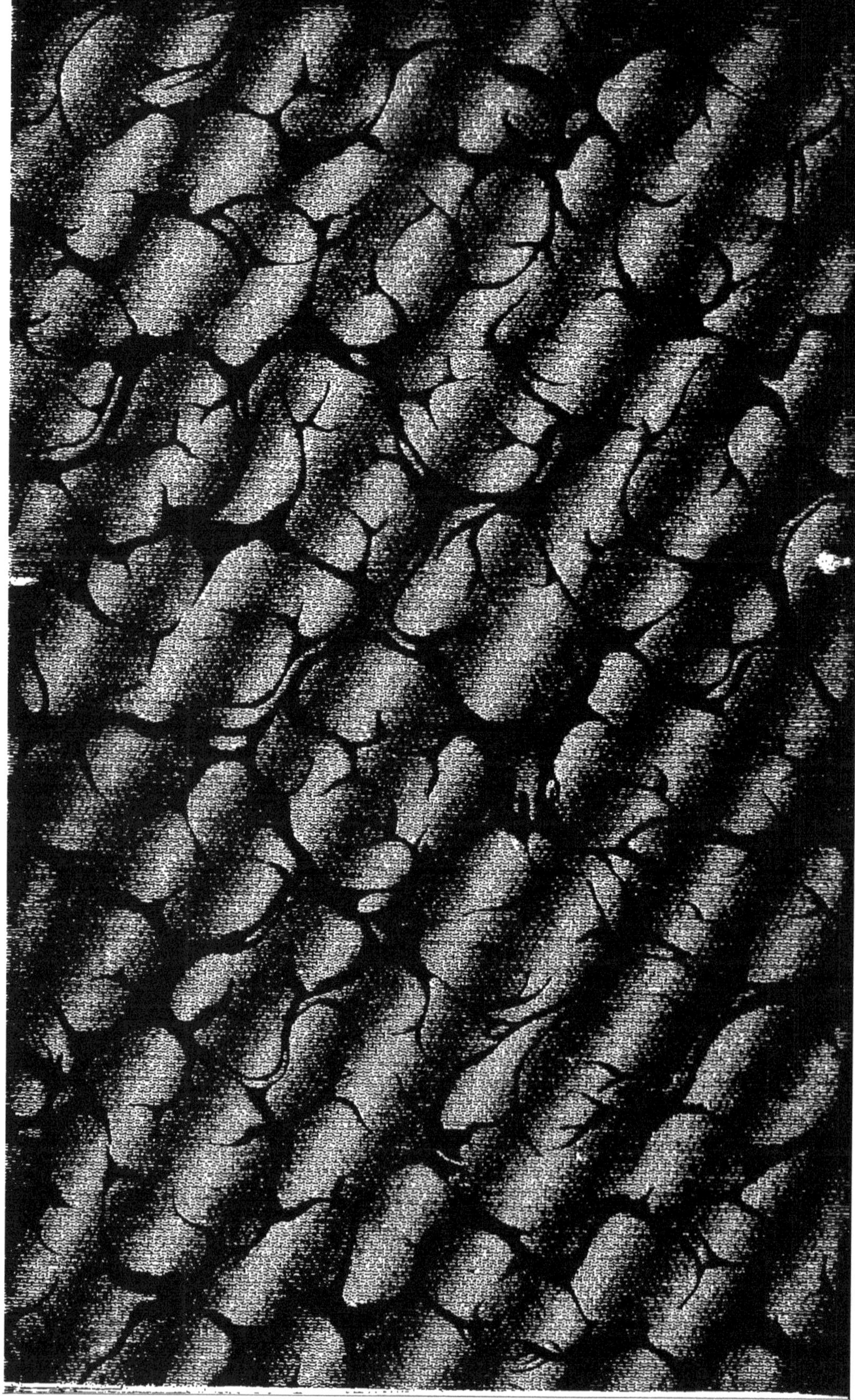

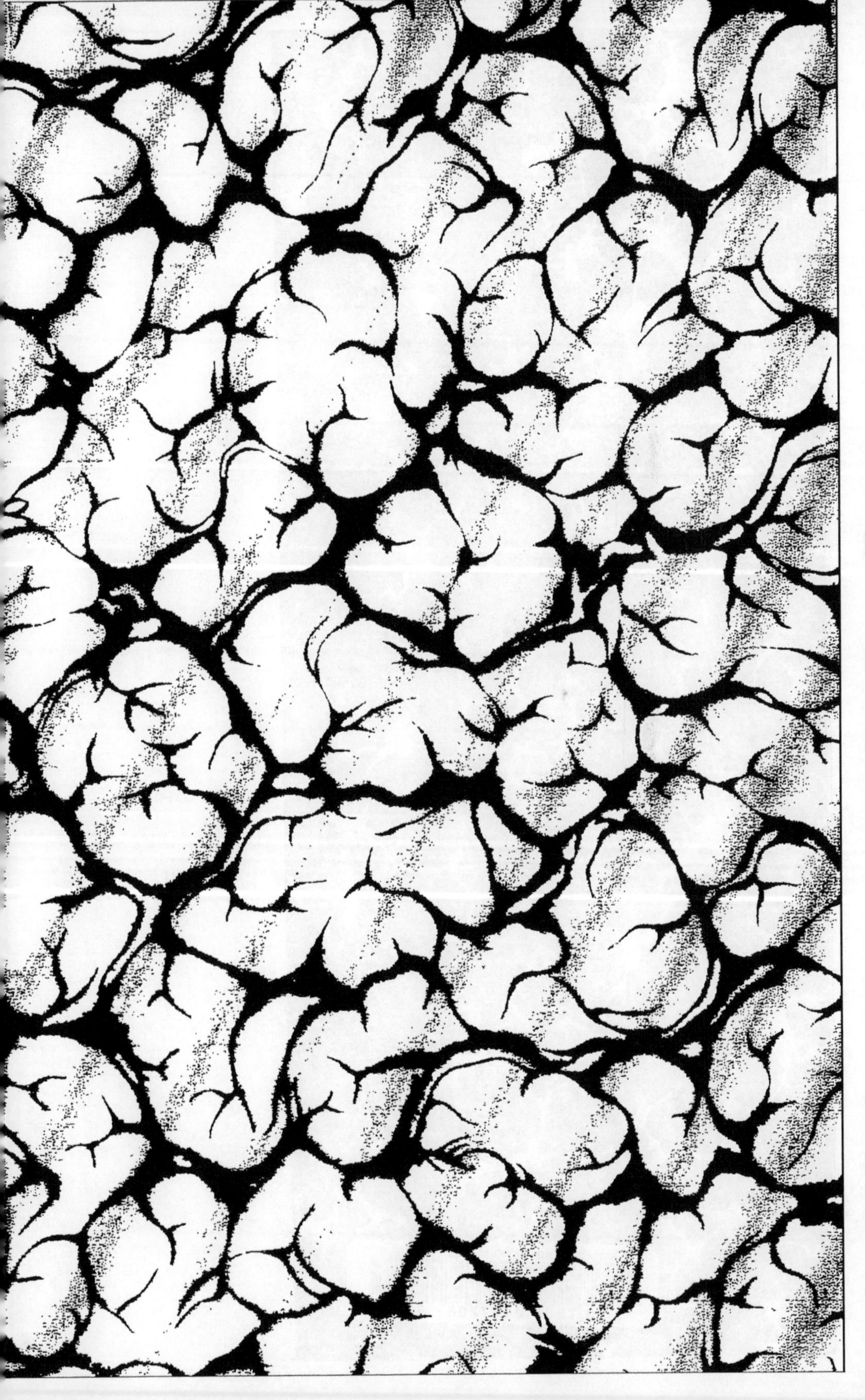

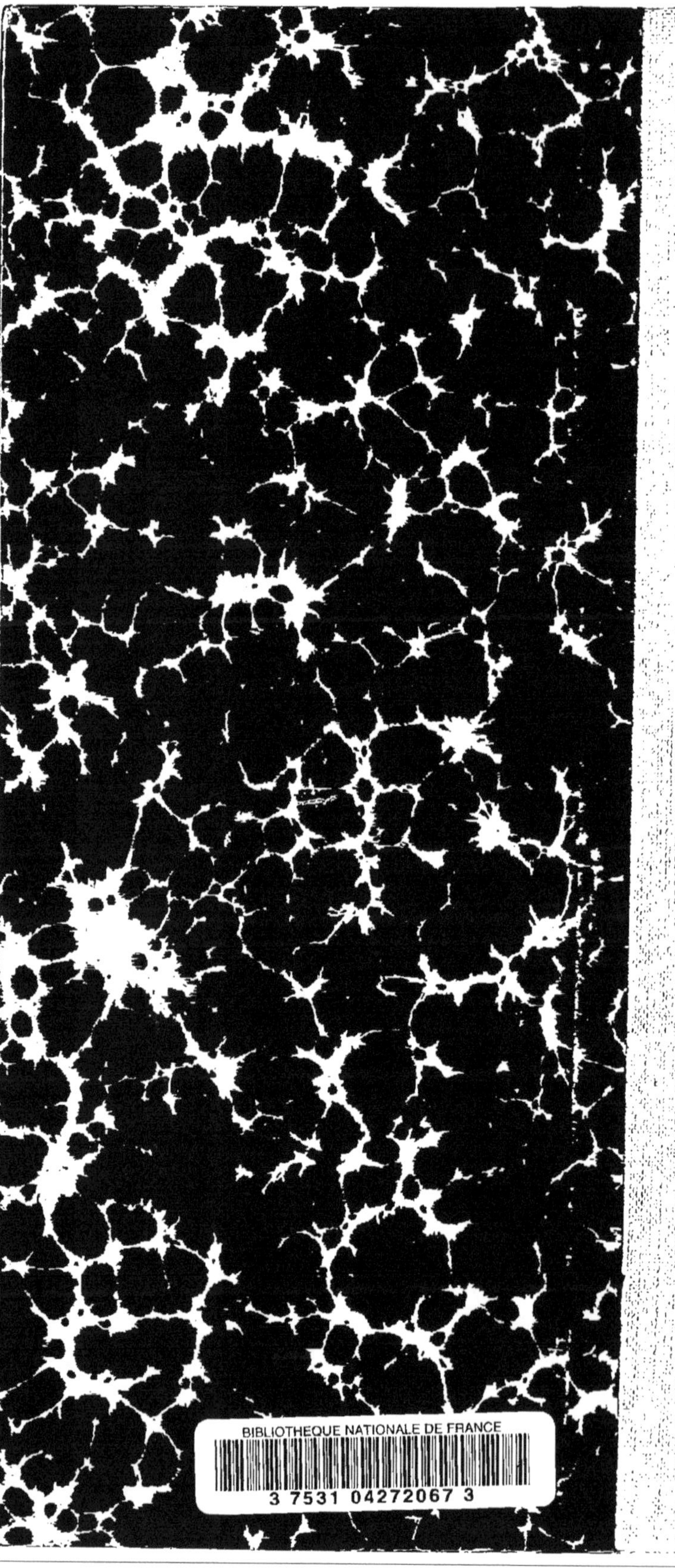

www.ingramcontent.com/pod-product-compliance
Ingram Content Group UK Ltd.
Pitfield, Milton Keynes, MK11 3LW, UK
UKHW021854190726
13855UKWH00001B/312

9 782013 283335